Für meine Ehefrau Katy und unsere beiden Söhne Moritz und Jonas.
Das größte Glück in meinem Leben.

Inhalt

1. Einleitung _____ 6
2. Gebrauchsanweisung _____ 8
3. Projektmanagement & Mitarbeit _____ 10
   - Die Management Summary – die Quintessenz herausarbeiten _____ 10
   - Der Projektbericht – den Status des Projektes kommunizieren _____ 15
   - Der Projektsteckbrief – das Projekt per Helikopter betrachten _____ 20
   - Der Projektauftrag – das Projekt präzise definieren _____ 25
   - Die Risikoanalyse – die Projektrisiken ans Tageslicht bringen _____ 31
4. Stakeholderanalyse & Zielefindung _____ 35
   - Das Impact Mapping – das Warum, Wer, Wie & Was zeigen _____ 35
   - Die SMART-Methode – das Ziel clever formulieren _____ 40
   - Die Stakeholderanalyse – die Bedarfe der Akteure aufdecken _____ 45
   - Das Zieldiagramm – die Stakeholder-Wünsche aktiv managen _____ 50
5. Ideengenerierung & Kreativdenken _____ 54
   - Die 6-Hüte-Methode – die Lösung durch Perspektiven finden _____ 54
   - Das Barcamp – den lockeren Austausch von Ideen fördern _____ 58
   - Das Brainstorming – die Ideenmaschine zum Laufen bringen _____ 63
   - Das Ishikawa-Diagramm – die Problemursachen visualisieren _____ 67
   - Die SCAMPER Methode – das bessere Rad erfinden _____ 72
6. Informationserhebung & Ergebnissicherung _____ 77
   - Die Aufgabenliste – die ToDos im Projekt klar fixieren _____ 77
   - Das Besprechungsprotokoll – die Sitzungsresultate festhalten _____ 82
   - Desk Research – einfach und effektiv Erkenntnisse gewinnen _____ 87
   - Die Interviewlandkarte – Gesprächsserien effizient umsetzen _____ 93
   - Der Issue Tree – die Ursachen eines Problems aufspüren _____ 97
   - Der Morphologischer Kasten – Lösungsräume klar darstellen _____ 102
7. Unternehmensmodellierung & Konzeption _____ 107
   - Das Business Model Canvas – Geschäftsmodelle entwickeln _____ 107

Das Five Forces Modell – die Branche systematisch bewerten _____112

Das PESTEL Framework – das Geschäftsumfeld analysieren _____118

Die RACI Matrix – die Verantwortungen eindeutig zuweisen _____123

Das SIPOC Diagramm – die Geschäftsprozesse modellieren _____128

8. Situationsbewertung & Entscheidung _____133

Die FOR-DEC Methode – die optimale Entscheidung fällen _____133

Die Portfolioanalyse – Dinge visuell einteilen und bewerten _____137

Die SWOT Analyse – eine Sache aus 4 Perspektiven beleuchten _____144

Die Vergleichstabelle – die beste Alternative identifizieren _____149

9. Produktivität & Selbstorganisation _____155

Die Dokumentenliste – den Unterlagenberg effizient sichten _____155

Die Eisenhower-Methode – Aufgaben richtig abarbeiten _____159

Die Pomodoro Methode – fokussiert im Takt zum Ergebnis _____164

Die Reisemappe – eine Dienstreise stressfrei absolvieren _____168

10. Noch mehr Consulting Tools _____172

11. Über den Autor _____174

12. Lesetipps _____175

1. Einleitung

Liebe Leserin, lieber Leser,
herzlichen Dank, dass Du Dir die Zeit nimmst den **Consulting Methodenkoffer** zu öffnen. Vor Dir liegen 33 auf Hochglanz polierte Consulting Tools. Handverlesene Werkzeuge, die Dich in Deiner Consulting Arbeit hilfreich unterstützen. Von ‚A' wie Aufgabenliste bis ‚Z' wie Zieldiagramm deckt der Methodenkoffer ein breites Spektrum Deiner täglichen Beratungsaufgaben ab.

Jedes einzelne Werkzeug habe ich in den vergangen 10 Beraterjahren vielfach eingesetzt. Die **Consulting Tools** sind praxiserprobt und mit konkreten Erfahrungstipps angereichert. Eine einheitliche Beschreibung erklärt Dir in wenigen Sekunden, für welchen Zweck, wie und womit Du ein Werkzeug am besten anwendest. Und wie Du mit typischen Fallstricken umgehst.

Worin liegt nun der **konkrete Nutzen** des Consulting Methodenkoffers für Dich?

- Meistere Dein **Bewerbungsgespräch** und Deinen **Start als Juniorberater** durch den passgenauen Einsatz der richtigen Tools für die gegebenen Aufgabenstellungen.
- Eigene Dir **methodische Kompetenzen** an die Dir erlauben, Dich auf die wesentlichen fachlichen und zwischenmenschlichen Aspekte im Consulting zu konzentrieren.
- **Spare Zeit und Nerven** beim Recherchieren, Erlernen und Anwenden von essentiellen Consulting Grundbegriffen, Modellen und Konzepten.
- **Steigere die Qualität** Deiner Arbeit und Ergebnisse indem du vom Start weg die richtigen Dinge richtig erledigst und dabei auf etablierte Hilfsmittel zurückgreifst.
- **Überzeuge Kunden, Kollegen und Vorgesetzte** von Deiner methodischen Professionalität und empfehle Dich für spannende Beratungsprojekte weiter.

Mit dem Consulting Methodenkoffer profitierst Du von meinem **tiefen Praxiswissen und meiner breiten Umsetzungserfahrung**. Die enthaltenen Tools habe ich bei vier verschiedenen Beratungshäusern für über 15 Kundenfirmen im Rahmen von mehr als 50 Consulting Projekten zum Einsatz gebracht. Mein oberstes Credo bei der Zusammenstellung: Fokus auf das Wesentliche. Das heißt: keine theoretischen Methodenmonster. Kein überflüssiger Text.

Scheue nicht davor zurück, die sofort einsatzbereiten Methoden **auf Deine Bedarfe anzupassen**. Wie ein richtiger Werkzeugkoffer, ist auch der Consulting Methodenkoffer von Dir maßzuschneidern. Auf Dich abgestimmt, entfaltet er dann seine maximale Wirksamkeit.

Viel Erfolg und Freude bei der Anwendung des Consulting Methodenkoffers in Deinen Beratungsprojekten.

Beste Grüße aus München

Christopher

Dr. Christopher Schulz

2. Gebrauchsanweisung

Wie Du den Consulting Methodenkoffer in der Praxis einsetzt

Bevor es mit konkreten Tools zur Sache geht, möchte ich Dir kurz den Consulting Methodenkoffer vorstellen. Spare wertvolle Zeit beim Finden des richtigen Tools für eine gegebene Aufgabe oder ein anvisiertes Ziel und profitiere maximal von den Inhalten des Koffers.

Wie der Lebenszyklus eines typischen Consulting Projekts, untergliedert sich auch der Koffer in verschiedene **Beratungskategorien**. Am Anfang stehen Projektmanagement & Mitarbeit, den Abschluss bilden Produktivität & Selbstorganisation. Prüfe in einem ersten Schritt, für welche Projektphase ein Problem zu lösen, eine Aufgabe zu erfüllen oder eine Frage zu beantworten ist und bestimme dafür die zutreffende Kategorie.

Hast Du eine Kategorie gewählt, dann stehen Dir mehrere alphabetisch sortierte **Consulting Tools** zur Auswahl. Um Dir auch hier die Auswahl und Anwendung zu vereinfachen, besitzt jedes Consulting Tool einen identischen **Aufbau**. Im Detail:

- **Name** – die eindeutige Bezeichnung des Tools inklusive dessen Hauptnutzen.
- **Motivation** – Situationen im Berateralltag in denen Dich das Tool unterstützt.
- **Zweck** – die Grundidee des Tools und der damit verbundene Nutzen (das „Warum").
- **Aufbau** – die zugrundeliegende Struktur des Tools (das „Was").
- **Anwendung** – eine Schritt-für-Schritt Anleitung zum Einsatz des Tools (das „Wie").
- **Vor- & Nachteile** – stichhaltige Gründe für und gegen den Einsatz des Tools.
- **Praxistipps** – Hinweise für die Verwendung des Tools sowie weiterführende Literatur.
- **Zusammenfassung** – ein abschließendes Fazit zum Praxisgebrauch.

Bewerte auf Basis des Namens und der Motivation innerhalb weniger Sekunden, ob es sich um das richtige Consulting Tool für Deine Aufgabe handelt. Konntest Du ein passendes Werkzeug finden, dann gilt es dieses zu adaptieren. Die eingestreuten Beispiele helfen Dir dabei. Oft lohnt es sich, ein Tool in Kombination eines anderen zu nutzen. Achte hier auf <u>Unterstreichungen</u>.

Alternativ kannst Du Dir die im Koffer enthaltenen Werkzeuge auch systematisch erarbeiten. Greife Dir dazu **jeden Arbeitstag ein Tool** heraus und setze dieses direkt in Deiner Beraterarbeit um. Insgesamt enthält der Koffer 33 Werkzeuge. In 33 Tagen solltest Du alle Konzepte kennen und mindestens einmal umgesetzt haben. Erreiche die nächste Stufe – in unter 7 Wochen!

Schneller zum Ziel: die Consulting Methodenkoffer Templates

Du hast das richtige Consulting Tool für Deine Aufgabe identifiziert und möchtest direkt loslegen? Einzig und allein die passenden Microsoft Office Vorlagen fehlen Dir dazu?

Bevor Du Dich in PowerPoint Tiraden und Excel Exzessen verstrickst wirf einen kurzen Blick auf www.Consulting-Life.de/Consulting-Methodenkoffer-Templates. Für wenige Taler findest Du dort alle Consulting Tools als Vorlagen inklusive Beispiele direkt zum Download.

3. Projektmanagement & Mitarbeit

Die Management Summary – die Quintessenz herausarbeiten

Unternehmensberater entwickeln für ihre Kunden gerne Unterlagen. Analysepapiere und Entscheidungsvorlagen, auf denen sie auf einer Fülle von Seiten Herausforderungen, Ansätze, Lösungen, Handlungsoptionen und Szenarien diskutieren. Oft haben diese Dokumente einen Umfang von 50 und mehr Seiten. Das ‚Fact Pack' bekommt der Kunde dann mit gewissenhafter Miene vorgelegt. Die Botschaft dabei ist zweierlei: „Schau, wie fleißig wir waren." sowie „Bitte urteilen Sie auf Basis der Fakten.". Der Pferdefuß bei diesem Vorgehen: der Kunde hat keine Zeit für eine ausgedehnte Dokumentlektüre. Stattdessen will er die wichtigsten Infos übersichtlich auf einer Seite. Es schlägt die Stunde der Management Summary.

Zweck

Manchmal wird sie auch Executive Summary, Synopsis oder schlicht Zusammenfassung genannt: die Management Summary. Bei einer Management Summary handelt es sich um eine Kurzbeschreibung eines Dokuments. Einer Analyseunterlage bzw. einem Entscheidungspapier vorangestellt, fasst sie die wesentlichen Informationen zusammen. Als Auftakt in ein Dokument zielt eine Management Summary darauf ab

- für einen Leser die **wesentlichen Inhalte** auf den Punkt bringen bzw.
- für einen Entscheider die **wichtigsten Fakten** nebst einer **Empfehlung** zusammenfassen.

Als Führungskraft, Bereichsleiter bzw. Vorstand hat Dein Beratungskunde keine Zeit (und Nerven) umfangreiche bzw. komplizierte Informationen in aller Tiefe und Breite zu durchdringen. Mit einer Management Summary entlastest Du. Du lieferst einen aussagekräftigen Überblick anhand der Kunde selbst entscheidet, ob ihm diese Infos ausreichen oder er auf den darauffolgenden Seiten mehr ins Detail gehen möchte.

Aufbau

Würdest Du ein Buch lesen, dass mit einer schlechten ersten Seite beginnt? Nein? Ich auch nicht! Eine Management Summary muss die beste Seite Deines Dokuments sein. Das glitzernde Aushängeschild Deiner Unterlage. Sorgfalt und Perfektion sind angesagt, schließlich sollen bereits nach der Lektüre einer einseitigen Management Summary Entscheidungen gefällt werden können bzw.

die wichtigsten Punkte verstanden worden sein. Gliedere Deine
Zusammenfassung in vier Abschnitte.

1. Situation & Entscheidungsbedarf
Zunächst umschreibst Du die Ausgangslage. Du zeigst aktuelle Defizite auf, benennst erforderliche Handlungsbedarfe und skizzierst mögliche Chancen und Ziele. Hole den Kunden mit den ersten Sätzen ab. Nutze seine Sprache und umschreibe den Ist-Stand.

Bereits nach 20 Sekunden soll der Leser denken:

- „Ja, das Thema ist relevant.".
- „Ja, es lohnt sich, wenn ich mich weiter mit dem Thema befasse und die Lektüre fortsetze."

Der erste Abschnitt erklärt, ‚Warum' es sinnvoll ist ein Dokument zu lesen bzw. sich mit einer anstehenden Entscheidung auseinanderzusetzen.

2. Vorgehen & Handlungsoptionen
Kurz und knapp beleuchtet Deine Management Summary das Vorgehen sowie die herausgearbeiteten Erkenntnisse und Handlungsalternativen. Halte Dich kurz. Das ‚Was' und ‚Wie' sind zwar wichtig, werden aber in der angehängten Unterlage im Detail diskutiert.

3. Ergebnis & Empfehlung
Im dritten Abschnitt stellst Du die Lösung vor. Im Falle einer Management Summary für Entscheidungen ist das Dein präferierter Vorschlag, im Falle eines Analysepapiers die Kernergebnisse. Zähle den Mehrwert bzw. die zentralen Erkenntnisse auf.

4. Nächste Schritte
Schließlich gibst Du einen Ausblick auf den nächsten logischen Schritt. Bei einem Entscheidungspapier ist dies der Handlungsaufruf unvermittelt zur Tat zu schreiten. Bei einem Analysedokument hingegen empfiehlst Du sinnvolle Folgeaktivitäten.

Untere Abbildung zeigt die Management Summary für einen Entscheidungsbedarf.

> **Management Summary – Beispiel**
>
> **Entscheidung – Nutzung Microsoft OneDrive für unternehmensinternen Dateiaustausch**
>
> **Situation**
> - Der interne <u>Austausch von Dateien</u> erfolgt aktuell mittels <u>E-Mail</u>. Beim Betrieb treten Defizite zu Tage.
> - Viele Mitarbeiter halten ihre Dateien lokal vor. Dies steht im <u>Widerspruch zu den Anforderungen der ISO 270001</u>.
> - Aktuelle <u>Office 365 Business Premium Lizenzen laufen 12/2017 ab</u>.
>
> **Handlungsoptionen**
> - In einer <u>Analyse</u> wurden sechs <u>Enterprise Content Management Systeme</u> betrachtet.
> - Auch wurde die aktuelle <u>Microsoft Office Lizenzlandschaft</u> gemeinsam mit der zentralen IT analysiert.
>
> **Empfehlung**
> - Wir empfehlen in der bevorstehenden Office 365 Lizenzverhandlung die <u>Microsoft Lösung OneDrive</u> einzubeziehen.
> - Das System lässt sich <u>intuitiv bedienen</u>, erfüllt <u>alle Sicherheitsanforderungen</u> und kann Dateien offline speichern.
> - Die <u>Mehrkosten</u> gegenüber einer Lizenz ohne OneDrive betragen <u>20 Euro pro Nutzer/Jahr</u>, 12 Euro geringer als die aktuellen Lizenzkosten.
>
> **Nächste Schritte**
> 1. Das interne <u>OneDrive Projektteam</u> stellt den Projektleitern die Lösung vor und motiviert zur <u>pilothaften Nutzung</u>.
> 2. Sobald OneDrive im Unternehmen etabliert ist, rollt das OneDrive Projektteam die Lösung für <u>alle Projekte</u>, <u>Querschnittsfunktionen</u> und <u>historischen Daten</u> aus.
>
> Dr. Christopher Schulz | <u>Consulting-Life.de</u>

Beispiel für eine Management Summary für die Entscheidung einer Dateiaustauschplattform

Anwendung

1. Entwerfen
Redigiere die erste Fassung Deiner Management Summary direkt zu Beginn Deiner Arbeit an einem Dokument. Du liest richtig: direkt zu Beginn. Auf diese Weise spannt Deine Zusammenfassung den Rahmen für alle noch zu erstellenden bzw. zusammenzutragenden Inhalte auf. Mit der Management Summary legst Du den Grundstein. Vom Start weg fungiert sie als roter Faden durch das Papier.

Das erste Konzept Deiner Zusammenfassung klinkst Du direkt nach dem Titelblatt Deiner Unterlage ein, also noch vor dem Inhaltsverzeichnis. Wie der Klappentext eines Buches fungiert die Management Summary fortan als eindeutige Kurzbeschreibung.

2. Perfektionieren
Anschließend geht es an die Inhalte der Unterlage. Stehen diese, kehrst Du zur Management Summary zurück und präzisiert. Kürze so viel Text wie Du kannst. Je knapper und spitzer desto besser. Eine Management Summary kommt auf den Punkt. Deshalb heißt das Konzept Summary und nicht Essay oder Diskurs.

Hebe wichtige Wortgruppen und Textpassagen visuell hervor, beispielsweise durch <u>unterstreichen</u>, **fett hervorheben** oder das ins *kursiv stellen*. Ich vermeide das Wechseln der Schriftfarbe, da dies insbesondere bei einem farbigen Layout nicht professionell anmutet bzw. bei einem Schwarz-Weiß-Ausdruck unter den Tisch fällt.

3. Einsetzen
Was nützt die beste Management Summary, wenn diese nicht zum Einsatz kommt. Lege Deinem Kunden die fertige Unterlage nebst der Zusammenfassung vor. Verbleibt er bei der Management Summary ohne in die nachfolgenden Unterlagendetails zu gehen? Herzlichen Glückwunsch: Deine Summary konnte alle seine Wissensbedarfe adressieren.

Vor- & Nachteile

Eine Management Summary spart Deinem Kunden wertvolle Zeit. Statt in die Einzelheiten abzusteigen und die Quintessenz selbst zu extrahieren, bringt die Zusammenfassung die essentiellen Fakten übersichtlich auf den Punkt. Leser und Entscheider können selbst die Wahl treffen, ob sie sich vertiefen wollen oder ihnen der Überblick ausreicht. Das schafft hohe Kundenzufriedenheit, für Unternehmensberater eine exzellente Voraussetzung für eine Folgebeauftragung. Zusätzlich hilft Dir eine Management Summary unmittelbar zu Beginn der Arbeiten an einem Dokument eine Story festzuzurren. Früh definierst Du, was im Papier steht und was nicht.

Einziger Nachteil einer Management Summary ist der für das Erstellen notwendige Aufwand. Eine präzise und lesenswerte Zusammenfassung zu Papier zu bringen kostet Zeit und erfordert Übung. Aber keine Angst. Je mehr Management Summaries Du schreibst, desto einfacher und schneller geht das Redigieren von der Hand.

Praxistipps

Tipp 1 – Nur die wichtigsten Infos
Knapp, knapper, Management Summary. Eine gute Management Summary findet auf einer einzigen Präsentationsfolie bzw. Dokumentenseite Platz haben. Sie kondensiert alle für den Leser relevanten Informationen. Lasse vergangenheits- bzw. vorgehensorientierte Infos weg und spare Dir ausufernde Ausführungen. Alle für das Verständnis bzw. die Entscheidung nicht maßgeblichen Fakten fliegen raus. Versetze Dich in die Perspektive des Lesers. Was ist für ihn wichtig? Was sollte er unbedingt erfahren, wenn er nur 2 Minuten Zeit erübrigen kann?

Tipp 2 – Aktive Sprache
Für eine gute Management Summary gilt: Aktiv sticht Passiv + Verb sticht Substantiv. Statt „Gefordert wird eine bisher nicht unterstützte Archivierung" schreibst Du „Die Fachbereiche wünschen, dass das neue IT-System ihre Daten

archiviert.". Benenne Ross und Reiter. Wer sind die Verantwortlichen? Was sind die Themen und Problemfelder?

Tipp 3 – Aufzählungsstriche statt Fließtext
Soll Deine Management Summary eine Entscheidung auslösen, dann empfehle ich mit Spiegelstrich-Aufzählungen statt mit ganzen Sätzen zu arbeiten. Der Vorteil: voneinander klar getrennte Punkte sind für einen Leser leichter erfassbar. Punkt für Punkt hangelt sich dieser durch die Summary durch und hakt gedanklich ab. Ganz nebenbei wird die Gefahr gebannt, dass ein Leser die komplette Zusammenfassung ablehnt, nur weil ein einzelner Teilsatz nicht seinen Erwartungen entspricht.

Tipp 4 – Absprungstelle für weiterführende Infos
Eine elektronische Management Summary kannst Du mit Links auf weiterführende Informationen im angehängten Dokument versehen. Auf diese Weise ist es dem Leser direkt möglich zu weiterführenden Ausführungen zu springen und sich selektiv zu vertiefen. Die Verlinkung spart dem Leser erneut kostbare Zeit und generiert Dir nur wenig Mehrarbeit.

Lesetipp
Der deutsche Journalist Wolf Schneider prägte den Satz: *„Einer muss sich plagen, der Schreiber oder der Leser."*. Je besser Du das Handwerks eines Schreibers verstehst, desto einfacher fällt Dir die Redaktion einer Management Summary. Sehr empfehlenswert ist hierfür Schneiders Buch ‚Deutsch für junge Profis'.

Zusammenfassung

Eine Management Summary ist der entscheidende Teil einer Unterlage. Warum? Weil Führungskräfte, Manager und Entscheider häufig nur diese eine einzige Seite im Dokument mit voller Konzentration lesen. Erleichtere das Leben Deiner Beratungskunden. Stelle jeder Entscheidungsvorlage bzw. Analysedokument eine Management Summary voran.

Der Projektbericht – den Status des Projektes kommunizieren

Projekt, bitte melden! So oder ähnlich könnte die Aufforderung an den Projektleiter lauten, einen Status über sein Projekt abzugeben. Soll dies nicht mündlich, sondern schriftlich auf einer Präsentationsfolie erfolgen, schlägt die große Stunde des Projektberichts. Als vielbeschäftigter Projektleiter mit externer Unterstützung wird allen schnell klar, wer den Bericht anfertigt. Natürlich: der Unternehmensberater. Doch was enthält ein guter Projektbericht?

Zweck

Hauptziel eines Projektberichts (auch Statusreport oder Projektstatus genannt) ist die Kommunikation mit allen Stakeholdern, die nicht Teil des Projektes sind, jedoch Interesse am Zustand und den Zwischenergebnissen des Vorhabens haben. Dabei geht es nicht um die Details. Vielmehr ist ein komplettes 360°-Bild des Projektes gewünscht. Kurz und prägnant.

Eine der wichtigsten Regeln für Projektberichte ist: berichtet wird immer gegen einen Gesamtplan. Schließlich bildet der Plan die inhaltliche und organisatorische Grundlage an dem sich das Projekt ausrichtet und misst.

Einfache, verständliche und wirklich relevanten Inhalte – das ist die Zauberformel für den Projektbericht. Je nachdem, ob Dein Bericht vorgestellt oder verschickt wird, sollte dieser mit mehr oder weniger erklärendem Text aufwarten. Positiver Nebeneffekt für Dich als Autor des Projektberichts: Du reflektierst über den Stand, die erreichten Zwischenergebnisse und das große Ziele des laufenden Vorhabens. Und dies auf einer einzigen Präsentationsfolie!

Aufbau

Ein Projektbericht ist kein Hexenwerk. Die Consulting-Praxis zeichnet dennoch regelmäßig ein anderes Bild. Ich habe Berichte gelesen, von denen weder der zuständige Autor noch der Projektleiter erklären konnten, wie diese zu interpretieren sind. Ganz zu schweigen, wo das Projekt eigentlich steht. Also Augen auf! Im Folgenden erfährst Du von den 10 wichtigsten Bausteine eines Projektberichts. Diese passen auf eine Folie. Garantiert.

Pflichtbestandteile

Der **Projekttitel** beinhaltet den offiziellen Namen des Projekts auf welches sich der Bericht bezieht. Nicht mehr, aber auch nicht weniger.

Die **Berichtsperiode** fixiert den Zeitraum, für welchen der Status abgegeben wird. Empfehlenswert ist hier die Einheit Kalenderwochen. Oft ist eine 2-wöchige Berichtsperiode eine optimale Zeitspanne.

Das Feld **Stand** dokumentiert, an welchem Tag der Bericht das letzte Mal aktualisiert wurde. Die Welt dreht sich unaufhaltsam, daher solltest Du den Stand immer mit angeben.

Das Feld **Projektleiter** beinhaltet den Hauptverantwortlichen des Vorhabens. Zwecks Eindeutigkeit, sollte speziell in großen Unternehmen die Abteilung des Leiters ergänzt werden.

Einen Statusbericht muss nicht unbedingt der Projektleiter verfassen. Er kann diese Arbeit auch delegieren, zum Beispiel an seine Projektassistenz oder Dich als unterstützenden Berater. Diese Person ist dann der **Autor** des Papiers.

Das größere Feld **Status** fasst zusammen, was inhaltlich und organisatorisch während der Berichtsperiode durch das Projekt vorangetrieben wurde. Erste Wahl sind handfeste Ergebnisse, zweite Wahl absolvierte Aktivitäten und getroffene Entscheidungen.

Im Gegensatz zum Status enthält das ebenfalls größer dimensionierte Feld **Nächste Schritte** die für die nachfolgende Berichtsperiode geplanten Ergebnisse, Aktivitäten und zu fällenden Entscheidungen. Wenn Du es ganz genau machen willst, kannst Du den Verantwortlichen und eine Frist ergänzen.

Unter **Risiken** notierst Du die durch das Projekt wahrgenommenen Ereignisse, deren Eintritt sich negativ auf die Projektlaufzeit, -budget, -umfang und/oder -qualität auswirken. Auf Wunsch können hier auch direkt kontinuierlich laufende Linderungsmaßnahmen notiert werden.

Schließlich enthält das Feld **Erforderliche Entscheidungen** außerhalb des Projekteinflussbereiches liegende offene Entscheidungen, die durch die Programmleitung, dem Steuerkreis oder anderen Gremien getroffen werden sollten um den Projektfortschritt nicht zu gefährden. Aktiv werden hier Richtung, Prioritäten und Vorgaben eingefordert.

Die Krönung eines jeden Berichts ist die sogenannte **Projektampel** – der Gesamtstatus. Mit Hilfe der Farben rot, gelb oder grün aggregierst Du den Zustand des Projektes auf einen einzigen Kennwert. Vor Nutzung einer Ampel solltest Du unbedingt klären, welche Kriterien zu welche Farbwahl führen und welche Aktion bei einer spezifischen Farbe ausgelöst wird. Keine Angst vor der Farbe Rot. Ein Projektbericht auf Rot zu setzen zeigt Deine Souveränität.

Zusatzinformationen

Projektberichte sind so unterschiedlich wie die Unternehmen in denen sie zum Einsatz kommen. Gelegentlich enthalten Berichte ebenfalls eine kurze Zusammenfassung der nächsten **Projektmeilensteine**. Diese erlauben die Einordnung des Status in den Gesamtkontext.

Beliebt sind auch Angaben zum erbrachten **Gesamtumfang**, dem bisher benötigten **Budget** oder dem bereits verbrauchten **Zeitbedarf**. Du solltest diese Werte nur auf dem Bericht vermerken, falls ein stringentes Projektcontrolling besteht und der Gesamtumfang gut messbar und weitestgehend unveränderlich ist. Gehe auf die **Ergebnisqualität** nur dann ein, wenn zuvor konkrete Messgrößen für die Qualitätsmerkmale erfasst wurden.

Weitere mögliche Felder sind die **Versionsnummer** (zum Beispiel bei Ergänzung einer Last-Minute Änderung), der **Verteilerkreis** (die Empfänger des Berichts) sowie der **Freigabestatus** (zum Beispiel in Entwurf, vorgelegt, verabschiedet).

Anwendung

Projektberichte können auf Zuruf oder im festen Rhythmus für unterschiedliche Zielgruppen erstellt werden. Als Vorlage solltest Du den aktuellen Bericht aufgreifen. Nichts ist schwieriger als auf einer weißen Folie zu starten. Bzgl. der Reihenfolge beginnst Du am besten mit dem ‚Status', ergänzt dann das Feld ‚Nächste Schritte', überprüfst die ‚Risiken' und passt schließlich die ‚Erforderlichen Entscheidungen' an. Schlussendlich kümmerst Du Dich um die formalen Felder wie ‚Berichtsperiode', ‚Projektampel' und ‚Stand'. Vergiss nicht den Bericht auch zu versenden bzw. bei Bedarf an einer zentralen Stelle abzulegen.

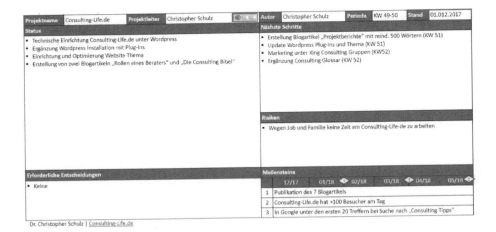

Beispielhafter Projektbericht

Die obere Abbildung zeigt beispielhaft einen Projektbericht, angewendet auf mein Online Projekt Consulting-Life.de.

Vor- & Nachteile

Die feste Struktur eines Projektberichts ist ein roter Faden, der Dir hilft, fundiert und in angemessener Zeit Auskunft über den Zustand Deines Projektes zu geben. Auch den Lesern Deines Berichts erleichtert die Standardvorlage die Arbeit. Alles steht an seinem festen Platz und kann – insbesondere bei einem grünen Ampelstatus – schnell überflogen werden.

Doch Vorsicht: ein Projektbericht ist immer auch eine gefilterte Sicht auf Dein Projekt. So ist die Farbe eine Ampel auf einem Bericht nur eine Aggregation einer Situation, die Angaben auf dem Papier die selektive Auswahl des Projektleiters. Es besteht immer die latente Gefahr, dass der Projektbericht den Leser in falsche Sicherheit wiegt. Alte Hasen im Projektmanagement sprechen hier gerne vom Status ‚melonengrün', daher von außen grün, innen jedoch rot.

Praxistipps

Tipp 1 – Die Zielgruppe zählt
Immer an die Leser denken! Das gilt für Bücher, Zeitschriften und Webseiten gleichermaßen wie für Deinen Projektbericht. Wichtig ist die Zielgruppe und ihren Informationsbedarf zu kennen, abhängig davon bestimmte Aspekte im Bericht hervorzuheben oder wegzulassen.

Tipp 2 – Früh genug beginnen
Ein guter Projektbericht generiert Aufwände. Bei einigen Kunden saßen wir Stunden an einer einzigen Folie. Heraus kam ein belastbarer Bericht. Bei der Vorstellung im Meeting konnten wir den Projektstatus dann fundiert erklären, Entscheidungen über das weitere Vorgehen (in unserem Sinne) herbeiführen. Daher: erstelle Deine Berichte nicht auf den letzten Drücker.

Tipp 3 – Aktiv Erwartungen managen
Gerade bei einem durchwachsenen bzw. gar kritischen Projektgesamtstatus sollte vor der Vorstellung mit einflussreichen Akteuren Kontakt aufgenommen werden. Diplomatisch solltest Du diese Personen auf die mittelmäßige Situation des Projektes hinweisen. Schließlich ist vieles eine Frage des Erwartungsmanagements. Stellt sich dann bei der Präsentation heraus, dass die Situation weniger gravierend, die Konsequenzen milder als erwartet ausfallen, kann konstruktiv an Verbesserungen gearbeitet werden.

Lesetipp
Insbesondere große Mittelständler und Konzerne verfügen über ihre eigene Projektberichtvorlage. Diese, meist im Corporate Design gehaltene Schablone, ist den Managern und Entscheidern bekannt. Erkundige Dich zu Beginn nach der Vorlage bei Deinem internen Projektleiter.

Zusammenfassung

Ehrlichkeit währt am längsten. Diese Weisheit gilt auch für Projektberichte. Da Projekte meist keine Eintagsfliegen sind, sondern über Monate und Jahre hinweg durchgeführte Initiativen werden, sollte Dein Bericht ehrlich und sachlich ausfallen. Also kein ‚Melonenreport'. Kurzfristig ist das vielleicht unangenehm, langfristig aber ein Garant für eine gesunde Beziehung zwischen Dir und Deinem Beratungskunden.

Der Projektsteckbrief – das Projekt per Helikopter betrachten

Wie beschreibt man als Berater ein Projekt ohne sich in den Untiefen der Details zu verlieren? Eine in der Geschäftswelt sehr verbreitete Möglichkeit ist der Projektsteckbrief. Auf einer Seite übersichtlich aufbereitet, fasst das Dokument alle wesentlichen Fakten zum Inhalt, Kosten und Dauer des Änderungsvorhabens zusammen.

Zweck

Ein Projektsteckbrief bringt alle wesentlichen Aspekte eines Projektes auf den Punkt: den Inhalt, die erwarteten Kosten sowie die antizipierte Dauer. Typische Synonyme sind ‚Projektübersicht', ‚Projektdefinition' oder ‚Projektantrag' sowie – insbesondere in international aufgestellten Unternehmen – die englischen Bezeichnungen ‚Project Charter' bzw. ‚Project One Pager'.

Ein Projektsteckbrief schafft ein gemeinsames Verständnis zwischen Auftraggeber und Projektteam bzgl. des Umfangs und dem Vorgehen eines Projektes. Seine feste Struktur hilft den Projektteilnehmern und Dir als Unternehmensberater eine 360°-Sicht auf die zentralen Punkte eines Projektes zu gewinnen.

Aufbau

Der Aufbau und Inhalt eines Projektsteckbriefs variiert von Unternehmen zu Unternehmen und Projekt zu Projekt. In jedem Fall ist er kurz und bündig formuliert und passt fast immer auf eine einzige Präsentationsfolie bzw. DIN-A4 Seite.

Folgende Elemente sind auf den meisten Projektsteckbriefen zu finden. Nutze als Merkhilfe einfach verschiedene W-Fragen (Wer, Wie, Was, etc.) und beleuchte damit das Projekt von mehreren Perspektiven.

Überschrift
Als Überschrift beinhaltet der **Projektkopf** den offiziellen Namen des Projektes sowie den Projektleiter. Ebenfalls ist der Stand des Projektsteckbriefs angegeben, daher das Datum an dem das Dokument zuletzt aktualisiert wurde.

Wozu
Jedes Projekt sollte einen konkreten Zweck erfüllen um dem Unternehmen einen spezifischen und messbaren Nutzen zu stiften. Den erwarteten Wertbeitrag eines Vorhabens vermerkst Du im Abschnitt **Projektziele**.

Was
Im Feld **Projektbeschreibung** ist Platz für den eigentlichen Inhalt eines Projekts. Neben den Aufgaben und Hauptaktivitäten präzisiert Du hier, welche Aspekte innerhalb bzw. außerhalb des Projektumfangs liegen.

Wer
Ein Projekt wird durch seine **Projektbeteiligten** vorangetrieben. Diese besitzen einen Namen und Vornamen, sind unternehmensintern oder -extern, agieren in einer bestimmten Rolle (mit festen Verantwortlichkeiten und Befugnissen) und wirken in Vollzeit oder anteilig mit.

Wann
Ein Projekt ist ein einmaliges Vorhaben mit einem festen Start- und Endtermin. Notiere diese in das Feld **Projekttermine**. Ergänze ebenso wichtige Phasen und Meilensteine.

Womit
Ein Projekt benötigt Zeit und Geld. Im Feld **Projektbudget** sind interne/externe Personal- und Sachkosten sowie die einzusetzende Arbeitszeit (zumeist angegeben in Personentagen) aufgelistet.

Wobei
Schließlich enthält das Feld **Risiken** potentielle Gefährdungen inklusive Schadensausmaß und Eintrittswahrscheinlichkeiten. Ebenfalls notierst Du hier Abhängigkeiten zu parallelen Projekten sowie externen Ereignissen und Entwicklungen.

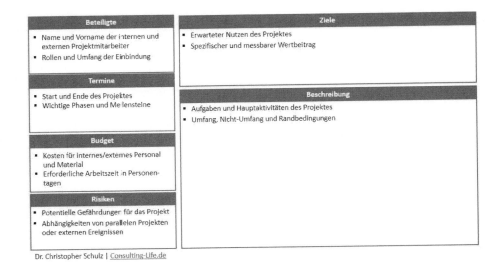

Beispielvorlage für einen Projektsteckbrief

Obere Abbildung visualisiert noch einmal die wesentlichen Elemente eines Projektsteckbriefs auf einer Folie.

Anwendung

Durchlaufe die folgenden drei ‚A'-Schritte um einen Projektsteckbrief zu erstellen und erfolgreich abzeichnen zu lassen.

1. Ausfüllen
Bringe die für die Elemente eines Projektsteckbriefes erforderlichen Informationen in Erfahrung und fülle mit diesen das Dokument. Hauptquellen sind Projektleiter, Sponsor und Auftraggeber.

2. Abstimmen
Stellen den Steckbrief projektintern zur Verfügung und arbeite Präzisierungen und Korrekturen mit ein. Insbesondere den Mitarbeiten sollten ihre Rolle und Aufgaben im Projekt bewusst sein bzw. sollten sie diese akzeptieren.

3. Abzeichnen
Lasse den Auftraggeber den Projektsteckbrief abzeichnen und mit diesem offiziellen Schritt für das Projekt votieren. Das formale Okay durch den Auftraggeber fungiert gleichzeitig als Startschuss für das Projekt.

Vor- & Nachteile

Der Projektsteckbrief wirft eine Helikoptersicht auf ein Projekt. Zentrale organisatorische und inhaltliche Fakten werden übersichtlich auf einer einzelnen Seite zusammengefasst. Alles hat genau seinen Platz. Dies hilft Dir beim Befüllen keinen Aspekt vergessen. Wiederum weiß somit ein Leser immer sofort, an welcher Stelle auf dem Papier welche Infos zu finden sind.

Die Erstellung, Abstimmung und Verabschiedung eines Projektsteckbriefes verursacht natürlich administrative Aufwände. Das organisatorische Papier bringt Deinen Kunden und Dich nicht einen Millimeter näher an die konkreten Projektergebnisse. Gerade bei großen Projekten mit einer Vielzahl von Steckbriefen besteht die Gefahr, zu viel Zeit in das Dokumentieren zu investieren. Bereits vor dem eigentlichen Start verliert das Projekt somit erheblich an Schwung.

Praxistipps

Tipp 1 – Je Teilprojekt ein Steckbrief
Unterteilt sich ein Projekt in Teilprojekte, dann solltest Du pro Teilprojekt einen individuellen Steckbrief erstellen. Achte darauf, dass die Briefe untereinander konsistent sind. Das betrifft die Begrifflichkeiten aber auch Angaben zur Zeitplanung und dem Budget.

Tipp 2 – Kurz & knapp
In der Kürze liegt die Würze. Das gilt für die Management Summary ebenso wie für den Projektsteckbrief. Ein Steckbrief soll die fundierte und effiziente Entscheidung für oder gegen ein Vorhaben unterstützen. Notiere klare und unmissverständliche Fakten, statt langer und mehrdeutiger Romantexte.

Tipp 3 – Keine Eintagsfliege
Während späterer Projektphasen hilft ein Projektsteckbrief den Kunden und Dich an das initial geplante Vorhaben zu erinnern. Nutze einen Steckbrief um wiederkehrend zu überprüfen, ob sich das Projektteam und Du noch auf dem geplanten Weg zu den anvisierten Zielen befinden. In meiner Beraterpraxis habe ich schon sehr viele Projektsteckbriefe verfasst. Insbesondere die Erinnerungsfunktion – das *„Was haben wir ursprünglich gewollt?"* hat dem Kunden und mir dabei sehr geholfen.

Lesetipp
Wie beim Projektbericht gilt auch für den Projektsteckbrief: große Unternehmen (bzw. in Konzernen die Abteilungen) besitzen ihre eigenen meist für den fachlichen und technischen Kontext optimierten Vorlagen. Hast Du die Aufgabe

einen Steckbrief zu erstellen, erfragst Du am besten im Voraus, ob für die Arbeit auf einem definierten Template aufgesetzt werden kann.

Zusammenfassung

Ein Projektsteckbrief fasst alle wichtigen Aspekte und Rahmenbedingungen eines Projektes prägnant auf einer Seite zusammen. Sein genauer Aufbau und seine Struktur sind nicht normiert. Unternehmen verwenden unterschiedliche Vorlagen, die nach Form, Umfang und Inhalt erheblich variieren. Verfasse einen Projektsteckbrief mit einem gesunden Kosten/Nutzen-Verhältnis zwischen Ausführlichkeit sowie Arbeitsaufwand.

Der Projektauftrag – das Projekt präzise definieren

Als Consultant bist Du Projektarbeiter. Für einen festen Zeitraum begleitest Du Deinen Kunden und sein Team die definierten Ergebnisse zu erreichen, im Optimum zu übertreffen. Doch wie gehst Du vor, wenn Dein Kunde zwar einen Handlungsdruck verspürt, ihm jedoch noch unklar ist, welche Form und Ablauf ein Projekt besitzen könnte? Ganz einfach: Du schaffst Klarheit mit Hilfe eines Projektauftrags.

Zweck

Starten wir formal. Ein Projektauftrag definiert ein zielgerichtetes einmaliges Vorhaben welches den bestehenden Ist-Stand eines Unternehmensteils (Geschäftsprozesse, IT-Systeme, Organisationseinheit, etc.) in einen zukünftigen Ziel-Stand überführt. Gebräuchliche Synonyme sind ‚Projektvereinbarung' oder ‚Project Charter'.

Generell erfüllt ein Projektauftrag zwei Aufgaben:

1. **Planung:** Basierend auf dem Kenntnisstand zu Beginn eines Vorhabens definiert er die Projektziele, die Randbedingungen, den Nutzen sowie das grobe Vorgehen.
2. **Orientierung:** Zusätzlich zu dieser planerischen Komponente besitzt ein Projektantrag eine Sicherungsfunktion. Während der Durchführung schützt das Papier den Projektleiter von einem schleichend wachsenden Umfang, dem sogenannten Scope Creep. Damit fungiert der Projektauftrag als ein Orientierungsstern, speziell für zeitlich lange Projekte mit volatilem Umfeld in denen die Anforderungen nicht eindeutig sind.

Als Unternehmensberater wirst Du früher oder später einen Projektauftrag formulieren. Sei es als Teil der Akquisephase, für eine unternehmensinterne Initiative oder im Auftrag des Kunden. Auf den Punkt: der Projektauftrag gehört einfach zum Pflichtprogramm eines Consultants.

Aufbau

Struktur, Format und Inhalt eines Projektauftrages sind nicht standardisiert. Sie variieren von Unternehmen zu Unternehmen. Dennoch existiert ein fester Kern an Kapiteln, die in der Regel in einem Projektauftrag zu finden sind.

1. Ausgangssituation
Das qualitative ‚Warum' für das Projekt. Enthalten sind Hintergrundinfos zu

aktuellen Schmerzpunkten, erforderlichen Handlungen und zukünftigen strategischen Herausforderungen. Ebenso zu finden ist die Kritikalität (= Wichtigkeit) des Projektes für den Unternehmenserfolg.

2. Ziele
Angestrebte Ziele des Projektes. Spezifisch, messbar und zeitlich befristet sowie lösungsneutral formuliert. Sowohl allgemeine Unternehmensziele (zum Beispiel ‚Erhöhung Qualität') als auch spezifische Fachziele (zum Beispiel ‚Umsetzung rechtlicher Anforderungen') sind möglich und definieren das ‚Wozu' des einmaligen Vorhabens.

3. Messgrößen
Woher weiß ein Unternehmen, ob es die durch ein Projekt angestrebten Ziele auch erreicht hat? Abhilfe schaffen hier konkrete Messgrößen, die quantifizieren ob und zu welchem Grad ein Ziel erfüllt werden konnte.

4. Umfang
Definiert den Scope des Projektes, das ‚Was'. Inhalt sind zum Beispiel betroffene Prozesse, Organisationen, Standorte, Verträge, IT-Systeme, Technologien, Geschäftsobjekte. Nicht im Scope befindliche Elemente solltest Du im Zweifel explizit ausschließen.

5. Ergebnisse
Die erwarteten Projektergebnisse. Das können beispielsweise Fachspezifikationen sein, implementierte IT-Systeme oder Analyseberichte.

6. Anforderungen
Umfasst grobe fachliche und technische Anforderungen sowohl an die Projektergebnisse (zum Beispiel Qualitätseigenschaften) als auch an das Projekt (zum Beispiel Anlauftermine) selbst.

7. Schnittstellen
Ein Projekt verläuft nie im Vakuum. Dieses Kapitel beinhaltet sowohl organisatorische (zum Beispiel Nachbarabteilungen, Prozesse, Parallelprojekte, externe Dienstleister und Partner) als auch technische (zum Beispiel IT-Systeme) Abhängigkeiten, die Du und Dein Team bei der Durchführung berücksichtigen müsst.

8. Vorgehensweise
Das generelle Vorgehensmodell (Wasserfallmodell, Scrum, etc.), also das ‚Wie' eines Projektes. Du beschreibst die Phasen, Aktivitäten, Ergebnistypen, Rollen sowie (Zwischen-)Abnahmen losgelöst von einem konkreten Terminplan bzw. einer spezifischen Projektorganisation.

9. Aufwandsschätzung
Erforderlicher Zeit- und Ressourcenbedarf pro Ergebnistyp und Projektphase in Personentagen sowie sachlogische und zeitliche Abhängigkeiten.

10. Projektorganisation
Erforderliche Besetzung der Rollen durch interne und externe Personen inklusive derer erforderlichen Kapazitäten. Beinhaltet zudem die Aufbauorganisation mit disziplinarischen und fachlichen Hierarchien sowie ggf. Rollenbeschreibungen. Bereits in dieser Phase können Gremien (zum Beispiel Lenkungskreis) und ein Kommunikationsplan (zum Beispiel Jour Fixe) aufgeführt werden um das ‚Wer' eines Projektes noch expliziter zu präzisieren.

11. Projektplanung
Das ‚Wie' eines Projektes als Synthese aus Vorgehensweise, Aufwandsschätzung sowie Projektorganisation. Das Kapitel beinhaltet die Projekttermine (Start, Ende, etc.), Meilensteine, Arbeitsstränge mit konkreten Kalenderdaten und ggf. auch Personen und Leistungsstufen.

12. Rahmenbedingungen
Ungewissheit und Unsicherheit gehören zum Projektalltag. Das Kapitel nimmt sich diesem Umstand an, indem es fachliche (zum Beispiel Fähigkeiten der Mitarbeiter), organisatorische (zum Beispiel Projektressourcen) und technische (zum Beispiel IT-Equipment) Voraussetzungen und Annahmen auflistet.

13. Risiken
Kein Projekt ohne Risiko. Diese werden an dieser Stelle im Projektauftrag aufgezeigt und mit Eintrittswahrscheinlichkeit, Auswirkungen und konkreten Linderungsmaßnahmen (Delegation, Akzeptanz, etc.) konkretisiert.

14. Business Case
Zu guter Letzt – das ‚Wieviel'. Anders ausgedrückt: die erwartete Projektrendite und -kosten, kurzum der messbare Return-on-Investment des Projektes. Eine Nutzenpotentialanalyse quantifiziert die Rendite. Bei den Kosten werden sowohl einmalige Aufwände (Projektbudget und ggf. Investition) als auch Laufende Aufwände für Betrieb und Wartung betrachtet.

Mögliche weitere Kapitel sind Lösungsalternativen oder Auswirkungen auf die Organisation, Prozess- oder Systemlandschaft. Natürlich nur, falls bereits bekannt.

Anwendung

Ein Projektauftrag ist schnell geschrieben. Der Knackpunkt liegt vielmehr in der Beschaffung der enthaltenen Fakten. Prinzipiell kommen für Dich als Berater zwei Informationsquellen in Frage:

- **Dokumente**, zum Beispiel Strategiepapiere, Prozess- und IT-Richtlinien, Verfahrensanweisungen und Projektunterlagen ähnlicher Vorhaben.
- **Stakeholder**, zum Beispiel das Management, die Nutzer, die Kunden, die Prozessverantwortlichen und die Systemadministratoren.

Um nun die Infos dieser Quellen in die die Kapitel des Projektauftrages zu gießen, gehst Du in folgenden Schritten vor.

1. **Befragung** von zuvor identifizierten Stakeholdern im Rahmen von Workshops und Interviews sowie **Analyse** verfügbarer Dokumente.
2. **Dokumentation** der gewonnenen Erkenntnisse in den Projektauftrag. Schließen offener Lücken durch zusätzliche Befragungen der Stakeholder und/oder vertiefende bzw. erneute Analyse der Dokumentation.
3. **Abstimmung** der Ergebnisse mit dem Auftraggeber, je nach Deinem Auftrag und Rolle zum Beispiel mit dem Projektsponsor, Management, Auftraggeber und/oder Projektleiter.
4. **Freigabe** des Projektauftrags zur formalen Unterzeichnung durch Projektleiter, Projektsponsor, Auftraggeber, usw. und damit Verabschiedung.

Stehen die Unterschriften unter dem Projektauftrag, besteht der nächste Schritt in der Budgetfreigabe und dem Projekt Kick-off.

Vor- & Nachteile

Ein Projektauftrag fasst übersichtlich den Zweck, den Umfang sowie das Vorgehen eines Änderungsvorhabens an einer Stelle zusammen. Das Dokument eignet sich für Consulting Anfragen in denen dem Kunden sein Zielbild, der Ist-Stand und/oder der Weg vom Ist zum Ziel nicht 100 Prozent klar sind. Als zu einem spezifischen Zeitpunkt verfasster Plan, dient der Auftrag zudem auch als Orientierung während der Projektdurchführung.

Wie alle Planungsdokumente altert auch ein Projektauftrag. Das Papier verliert deutlich an Wert, falls das tatsächlich Projekt und der ursprüngliche Plan auseinandertriften. Zumindest fungiert der Projektauftrag dann weiterhin noch als Warnbotschaft *„Das hatten wir ursprünglich geplant!"*. Schließlich bleibt ein Projektauftrag ein Ergebnis des Projektmanagements. Er erfasst, umschreibt, strukturiert und bewertet Zustände und erforderliche Transformationsaufgaben. Die eigentliche inhaltliche Gestaltungsarbeit steht weiterhin aus.

Praxistipps

Tipp 1 – Überblick statt Details
Die Kunst bei der Erstellung eines Projektauftrages besteht im Spagat zwischen ungenauer vs. zu detaillierter Beschreibung des Vorhabens. Auf der einen Seite soll der Auftrag möglichst präzise das Projekt umschreiben. Auf der anderen Seite sollen die dafür erforderlichen Analysen aber nicht zu umfangreich ausfallen. Das Augenmerk liegt auf dem ‚Was', nicht auf dem ‚Wie'.

Tipp 2 – Jenseits der Kundenabteilung
Nicht immer liegen die Informationsquellen für einen Projektauftrag innerhalb der Abteilung des Kunden. Insbesondere für die Kapitel ‚Schnittstellen' und ‚Risiken' solltest Du den Blick über die Organisationsgrenzen schweifen lassen.

Tipp 3 – Schneller zum Projektauftrag 1
Um die Erstellung eines Projektantrages zu beschleunigen, kannst Du Dich in der Phase der Abstimmung folgender Taktik bedienen: *„Schweigen ist Zustimmung!"*. Daher: meldet sich ein Stakeholder nicht auf Deine Info-Nachricht mit dem angehängten Projektantrag, so zählst Du das als Zustimmung. Natürlich sollte Dein Kunde diesem Vorgehen zustimmen.

Tipp 4 – Schneller zum Projektauftrag 2
Eine weitere Stellschraube, um rascher zum Projektauftrag zu gelangen, ist die Erfassungsphase. Hier kommunizierst Du, dass die Anforderungen von nicht befragten Stakeholdern bzw. nicht analysierten Dokumenten nicht im Projektauftrag berücksichtigt werden. Kurzum: der Kunde und die Stakeholder sind für die Kommunikation ihrer Bedarfe verantwortlich. *„Wer schweigt wird nicht gehört!"*. Natürlich auch wieder in Abstimmung mit Deinem Kunden.

Lesetipp
Etablierte Unternehmen führen für Standardprojektergebnisse etablierte Vorlagen. Sprich Deinen internen Projektleiter auf eine vorhandene Schablone an und verwende diese Struktur als Grundlage.

Zusammenfassung

Ein Projektauftrag fasst die Erkenntnisse und das Wissen über ein Projekt in einem Papier zentral zusammen. Das ist fundamental wichtig zu Beginn eines Vorhabens und dient gleichzeitig als praktische Richtschnur während dessen Durchführung.

Stelle in Deinem nächsten Beratungsprojekt die Frage nach dem Projektauftrag. Zum einen, um Deine Professionalität zu untermauern, zum anderen, um einen schriftlichen Beleg für die Ziele und den Umfang eines Projektes in der Hand zu haben. Bereits das Vorhandensein und die Qualität des Dokuments zeigen Dir, wie es um ein Projekt steht.

Die Risikoanalyse – die Projektrisiken ans Tageslicht bringen

Deine Aufgabe: die Durchführung einer Risikoanalyse. Dein Problem: mit dem Thema Risikomanagement kennst Du Dich nicht aus. Schnell gibst Du das Schlagwort ‚Risikomanagement' in der Suchmaske eines Online Buchhändlers ein. Eine Viertelsekunde später werden Dir über 6.000 Treffer angezeigt. Du schränkst Deine Suche auf Fachbücher ein. Auch dann erhältst Du immer noch knapp 2.000 potentiell relevante Einträge. Wir halten fest: Risikomanagement-Literatur gibt es reichlich. Jedoch: Du hast nicht die Zeit Dich durch diesen Berg von Schriften zu wühlen. Wie erstellst Du also jetzt schnell eine Risikoanalyse?

Zweck

Vom Griechischen übersetzt bedeutet Risiko so viel wie ‚Klippe' oder ‚Gefahr'. Auch in der deutschen Umgangssprache ist der Begriff Risiko negativ behaftet. Alltagsfloskeln wie „Ein Risiko eingehen.", „Volles Risiko fahren!" oder „No Risk, no fun!" zeigen den hohen Stellenwert welche Risiken für die Menschen einnehmen.

Als Consultant stellst Du Dich permanent verschiedenen Risiken, meistens während Deiner Projektarbeit. Aber auch während Akquiseaktivitäten, in der Bewerbungsphase, während der Dienstreise, etc. – Du setzt etwas auf Spiel, mit der Hoffnung auf einen positiven Ausgang, aber auch gleichzeitig mit dem Wissen, dass die Dinge schieflaufen können.

Keine Angst, an dieser Stelle werden wir nicht philosophisch. Stattdessen zeige ich – ganz systematisch – wie Du Risiken im Projekt erfasst und transparent machst, bewertest und schließlich geeignete Gegenmaßnahmen aufsetzt.

Aufbau

Für eine saubere Risikoanalyse solltest Du zwischen den drei Begriffen Ursache, Risiko und Auswirkung unterscheiden. Aber der Reihe nach:

- Die **Ursache** ist ein existierender Umstand bzw. ein sicher eintretendes Ereignis. Eine Ursache kann zu einem Risiko führen, muss aber nicht.
- Das **Risiko** ist ein Ereignis mit negativen Auswirkungen. Anders ausgedrückt: bei einem Risiko handelt es sich um ein Problem, welches noch nicht eingetreten ist, aber mit einer gewissen Wahrscheinlichkeit eintreten könnte.
- Die **Auswirkung** ist eine negative Folge beim tatsächlichen Eintritt eines Risikos. Es handelt sich um einen mehr oder weniger großen Schaden der durch das Risiko verursacht wird.

Zur Klarheit ein Beispiel:

> *„Stelle Dir vor Du bist Free-Solo-Kletterer. Ohne Hilfsmittel und Sicherungstechnik hängst Du am Felsen (Ursache). Ein falscher Tritt, ein lockerer Griff, eine kleine Unachtsamkeit – das alles kann zum Absturz führen (Risiko). Die Auswirkungen? Je nachdem, wie hoch Du bereits geklettert bist – mehr oder weniger gravierend."*

Anwendung

Für eine Risikoanalyse solltest Du Risiken sammeln, Ursachen aufdecken, Auswirkungen bewerten und schließlich Linderungsmaßnahmen einleiten. Das kannst Du zu jedem Zeitpunkt im Projekt tun, also auch wenn dieses bereits seit einiger Zeit am Laufen ist. Im Einzelnen:

1. Risiken identifizieren
Zunächst fertigst Du eine Liste von möglichen Risiken an. Als Grundlage dafür solltest Du die Ziele (Projekt, Abteilung, etc.), das Umfeld (Gesetze, Trends, Wettbewerb, etc.), die Stakeholder, die Arbeitsinhalte (Systemschnittstellen, Prozessdokumentation) und die Planung (Terminplan, Aufgabenliste) heranziehen. Je mehr Erfahrung und Kenntnisse Du von der Themenstellung hast, je leichter sollte Dir dieser Schritt fallen.

2. Risiken bewerten
Anschließend bewertest Du die Risiken. Dazu arbeitest Du für jedes Risiko die Eintrittswahrscheinlichkeit (in Prozent) und die negativen Auswirkungen (in Euro) heraus. Beziehe für die Bewertung die Stakeholder ein. Diese wissen am besten, wie hoch die Wahrscheinlichkeit für ein spezifisches Risiko ist bzw. welche Folgen mit dessen Eintritt einhergehen. Notfalls kannst Du auch mit einer qualitativen Einschätzung (Gering, Mittel, Hoch, etc.) arbeiten. Berechne schließlich den Risikowert aus dem Produkt zwischen Eintrittswahrscheinlichkeit und Auswirkung. Je höher der Risikowert, desto relevanter das Risiko.

3. Maßnahmen planen
Im letzten Schritt definierst Du Maßnahmen, um ein Risiko zu lindern. Dabei zielen präventive Maßnahmen auf die Ursache eines Risikos und sorgen dafür, dass die Eintrittswahrscheinlichkeit sinkt und/oder die Auswirkungen abgemildert werden. Im Gegensatz dazu adressieren korrektive Maßnahmen ausschließlich die Risikoauswirkungen.

Neben der Linderung eines Risikos kannst Du Dich entschließen, dass Risiko zu übertragen. Die Auswirkungen übernimmt dann ein Dritter. Das Geschäftsmodell von Versicherungen basiert auf genau diesem Prinzip der Delegation. Alternativ entscheidest Du, das Restrisiko zu tragen, speziell wenn eine Linderung oder Übertragung zu kostspielig ausfällt.

Erneut das Beispiel Free-Solo-Klettern:

> „Als präventive Maßnahme könntest Du trainieren, die Wahrscheinlichkeit (und damit das Risiko) abzustürzen würden sinken. Ebenfalls präventiv wäre der Einsatz eines Kletterseils. Stürzt Du ab, sind die Auswirkungen nicht lebensbedrohlich. Schließlich könntest Du als korrektive Maßnahme Deine Kletterfreunde bitten, bei Deinem Absturz schnellstmöglich Hilfe zu holen. Ich weiß, Theorie und Praxis gehen manchmal etwas auseinander."

Vor- & Nachteile

Bei jedem größeren Projekt kommst Du um eine Risikoanalyse nicht herum. Gerade bei ‚Mission-critical' Aufträgen, mit begrenztem Budget, einem ambitionierten Zeitplan und chronisch knappen Ressourcen lohnt sich aus meiner Erfahrung der Aufwand die Top 5-Risiken zu identifizieren, qualitativ zu bewerten, zu kommunizieren und kontinuierlich zu überwachen. Tritt dann ein Risiko ein, kannst Du mit hoher Sicherheit vorhersagen, ob dies eine Verspätung, Budgetüberziehung und/oder Qualitätsdefizite nach sich ziehen wird. Die Konsequenz: im Projekt besteht ein einheitliches Verständnis über die Risiken, die Planungssicherheit und damit Erfolgswahrscheinlichkeiten des Vorhabens steigt.

Insbesondere die Bewertung eines Risikos, daher die Bemessung der Eintrittswahrscheinlichkeit und die Bezifferung der Auswirkungen, gestaltet sich teilweise wie das Lesen im Kaffeesatz. Betrachte eine Dir vorlegte Risikoanalyse mit Vorsicht und hinterfrage die Parameter. Auch bei kleinen kurzlaufenden Ein-Personen-Projekten mit eindeutigen Ergebnis schießt Du mit einer umfassenden Risikoanalyse eher über das Ziel hinaus.

Praxistipps

Tipp 1 – Risiko ≠ Ursache
Vertausche ein Risiko (mögliches Ereignis) nicht mit einer Ursache (eingetretenes Ereignis). So sind Budgetrestriktionen, Zeitprobleme und Ressourcenknappheit typische Ursachen in einem Beratungsprojekt, die zum Eintritt von Risiken führen können.

Tipp 2 – Graphische Aufbereitung
Überrasche Deine Kunden und Kollegen positiv und visualisiere die Risiken mit

Hilfe eines Risikoportfolios. Die X-Achse bildet die Eintrittswahrscheinlichkeit, die Y-Achse die Auswirkungen. Trage jetzt jedes Risiko in das Portfolio ein.

Tipp 3 – Gezielte Linderung
Nicht immer sind die präventiven den korrektiven Maßnahmen vorzuziehen. Gelegentlich sind Aufwand und Kosten einfach zu hoch bzw. die Eintrittswahrscheinlichkeit des Risikos zu gering.

Tipp 4 – Die wahre Ursache adressieren
Um ein Risiko präventiv zu lindern, musst Du dessen Ursache(n) kennen. Häufig sind diese nicht offensichtlich. Nutze Techniken wie die 5-Why-Methode und frage fünf Mal hintereinander nach den Ursachen, um die tatsächlichen Gründe aufzuspüren.

Lesetipp
Ein etwas anderen Zugang zum Thema Risikoanalyse verschaffst Du Dir mit dem Buch ‚Bärentango: Mit Risikomanagement Projekte zum Erfolg führen'. Auch wenn das Werk von Tom DeMarco bereits einige Jahre auf dem Buckel hat, so enthält es jedoch alle wichtigen Konzepte.

Zusammenfassung

Zum Handwerkszeug eines guten Unternehmensberaters gehört das Management von Risiken. Mit hoher Wahrscheinlichkeit wirst Du für eines Deiner nächsten Projekte eine Risikoübersicht erarbeiten. Erstelle dazu eine simple Tabelle in denen Du die verschiedenen Elemente eines Risikos und die Linderungsmaßnahmen notierst. Einmal festgehalten überwachst Du dann die Risiken sowie die Wirksamkeit der Maßnahmen. Bei Bedarf passt Du an.

4. Stakeholderanalyse & Zielefindung

Das Impact Mapping – das Warum, Wer, Wie & Was zeigen

Hand aufs Herz: hast Du in Deinen Consulting Projekten einmal eine Aufgabe übernommen, für welche Dir nicht klar war, wer der eigentliche Ergebnisempfänger ist? Noch schlimmer: auf welches Geschäftsziel diese Tätigkeit überhaupt einzahlt? Nein? Glaube ich Dir nicht!

Als Juniorberater habe ich regelmäßig an Dingen gewerkelt, die im Nachgang betrachtet unnötig waren. Heute bin ich sicher: mit dem Tool ‚Impact Mapping' wäre mir das nicht passiert.

Zweck

Im Kern geht es beim Impact Mapping (zu Deutsch: Auswirkungs-Zuordnung) um die Zuordnung von Aktivitäten, Ergebnissen, Maßnahmen und Anforderungen zu einem konkreten Geschäftsziel. Diese Verknüpfung visualisierst Du explizit mittels einer Mind-Map. Dir, Deinem Kunden und Kollegen werden damit die Gründe klar, bestimmte Tätigkeiten im Projekt zu erfüllen bzw. Aktivitäten ohne Ziel kurzerhand abzubrechen. Mittels Impact Mapping arbeitest Du an genau den Dingen die einem Ziel zuträglich sind. Effektivität pur!

Hinter der Methode steckt der in Belgrad geborene Serbe Gojko Adžić. 2012 verfasste der inzwischen nach England emigrierte Softwareberater das Buch ‚Impact Mapping: Making a Big Impact with Software Products and Projects'. Ursprünglich konzipierte Adžić Impact Mapping für die Softwareentwicklung. Sein Hauptanliegen war es, den Graben zwischen Fachabteilungen und IT zu schließen. Informatiker sollten nicht nur technisch denken, sondern auch den wirtschaftlichen Mehrwert ihres Tuns im Blick haben. Durch und durch agil, hilft die Methode, Entscheidern und Technikern ein gemeinsames Verständnis zu entwickeln.

Aufbau

Eine Impact Map umfasst genau ein Ziel, welches mit einem oder mehreren Aktoren direkt verknüpft ist. Die Aktoren sind wiederum mit Auswirkungen, diese schließlich mit Ergebnissen verbunden.

Ziel (engl. Goal)
Definiert das ‚Warum', daher das messbare und terminierte Geschäftsziel das

erreicht werden soll. Eine typische Frage um an das Ziel zu gelangen ist beispielsweise „Warum tun wir das?".

Aktoren (engl. Actors)
Beschreibt das ‚Wer', daher die möglichen Stakeholder die die Ergebnisse beeinflussen können. Schlüsselfragen sind: „Wer setzt es um?", „Wer nutzt es?" und „Wer wird dadurch beeinflusst?".

Auswirkungen (engl. Impacts)
Legt das ‚Wie' fest, daher verknüpft die Aktoren mit dem Geschäftsziel. Mögliche Fragen sind „Wie sollte sich das Verhalten der Aktoren ändern?" oder „Wie können die Aktoren helfen/daran hindern, dass Ziel zu erreichen?".

Ergebnisse (engl. Deliverables)
Fixiert das ‚Was', daher welche Anforderungen, Aktivitäten, Ergebnisse, etc. und in welchem Umfang getan werden müssen, um das Ziel zu erreichen. Typische Fragen sind: „Was kann getan werden, um die Auswirkung zu erreichen?".

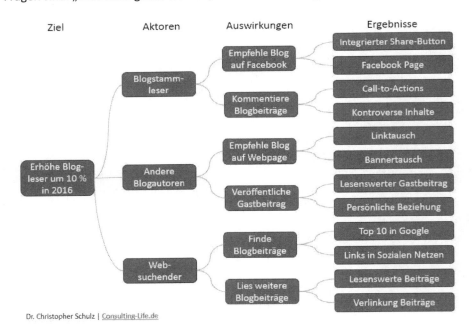

Beispiel einer Impact Map für eines der Blog-Ziele von Consulting-Life.de

Das liest sich einfach. Doch Vorsicht! Bei den Aktoren, Auswirkungen und Ergebnissen sowie den Verknüpfungen handelt es sich um testbare Hypothesen. Beispielsweise nimmst Du an, dass das Ziel ‚Erhöhe Blogleser um 10 Prozent in

2016' mit Hilfe des (wen hätte es gewundert) Aktors ‚Blogstammleser' erreicht werden kann. Den Beweis musst Du jedoch durch die Fertigstellung der entsprechenden Ergebnisse noch antreten.

Die Abbildung zeigt eine unvollständige Impact Map am Beispiel Consulting-Life.de. Das Ziel kann unter anderem durch Blogstammleser, andere Blogautoren sowie Websuchende erreicht werden. Damit diese ein bestimmtes Verhalten zeigen, das heißt eine Auswirkung hinzukommt, sind verschiedene Ergebnisse in Betracht zu ziehen. In einem Folgeschritt könnten diese Ergebnisse getestet werden.

Anwendung

Impact Mapping kannst Du allein oder im Team zum Einsatz bringen. Durchlaufe folgende fünf Schritte um zur perfekten Impact Map zu gelangen.

1. Ziele definieren
Fixiere ein messbares Ziel und lege dessen zeitlichen Rahmen fest. Am besten Du definierst auch gleich einen ersten Projektmeilenstein, um dieses Ziel zu erreichen. Achte in allen Fällen darauf, dass das Ziel einen Geschäftsbezug hat und die Messmethoden klar sind.

2. Aktoren verknüpfen
Überlege Dir Aktoren, die mit diesem Ziel im Zusammenhang stehen. Verknüpfe Ziel und Aktor wie bei einer Mind-Map mit einer simplen Linie.

3. Auswirkungen finden
Finde nun Auswirkungen, daher Handlungen der Aktoren, die Dir helfen, das Ziel zu erreichen. Ordne die Auswirkungen den Aktoren zu.

4. Ergebnisse erarbeiten
Erarbeite anschließend konkrete Ergebnisse, Aktivitäten und Anforderungen, die erledigt werden müssen, damit der Aktor zur zielführenden Handlung veranlasst wird. Priorisiere Deine Ergebnisse, beispielsweise anhand der Umsetzungskosten und der wahrgenommene Nutzen für den Kunden.

5. Annahmen validieren
Überprüfe schließlich die Top-Prio Ergebnisse und entscheide dann, ob der Zweig Ergebnis-Auswirkung-Aktor dem Ziel tatsächlich zuträglich ist und daher weiter verfolgt werden sollte. Mit jedem dieser Tests lernst Du dazu, erkennst, ob sich das Aktorenverhalten zum positiven (Ziel hin) verändert.

Durchlaufe die Schritte 2 bis 5 iterativ (daher wiederholend) und ergänze nach und nach Alternativen. Um noch mehr Ideen zu erhalten, kannst Du Impact

Mapping gerne mit Kreativitätstechniken wie dem Brainstorming oder der 6-Hüte-Methode kombinieren.

Ebenfalls möglich ist eine inverse Anwendung der Methode mit dem Zweck, effektive von weniger effektiven Aufgaben zu trennen. Hast Du spezifische auszuliefernde Ergebnisse vor der Brust, kannst Du Dich umgekehrt fragen, bei welchen Aktoren diese zu einer spezifischen Wirkung führen und was für ein Ziel damit (wenn überhaupt) erfüllt wird. Falls ein Ergebnis kein offizielles Ziel verfolgt, solltest Du darüber nachdenken die Arbeit an diesem einzustellen.

Vor- & Nachteile

Die große Stärke von Impact Mapping ist es, einen Lösungsraum aufzuspannen aus welchem Du Dich dem Ziel aus verschiedenen Richtungen her annähern kannst. Ein Neuling erlernt die Methode innerhalb von 5 Minuten, zudem halten Videoplattformen wie YouTube kostenfreie Einführungsvideos bereit. Die grafische Herangehensweise unterstützt die rasche Variation neuer Ideen, ob nun auf einer reinen operativen oder strategischen Ebene.

Da Impact Mapping eine relativ junge Methode ist, die zudem aus dem Software Engineering kommt, kann es sein, dass bei Anwendung im Team zunächst Vorbehalte bzgl. der Anwendung existieren. Trete diesen mit einem konkreten Beispiel und dem damit verbundenen Nutzen entgegen.

Praxistipps

Tipp 1 – Spreu und Weizen
Scheue Dich nicht davor, nach dem Testen Ergebnisse mit geringer Aussicht fallen zu lassen. Schließlich verursacht jedes Ergebnis zeitlichen Aufwand und finanzielle Kosten, hält Dich von der Entwicklung nützlicher Ergebnisse ab.

Tipp 2 – Frühe Einbindung
Binde Fach- und IT-Experten frühzeitig in die Entstehung Deiner Impact Map ein. Diese betrachten das Ergebnis dann als ‚ihr Baby', teilen zudem ein gemeinsames Verständnis bzgl. Begriffe und Zusammenhänge.

Tipp 3 – Gleicher Stil
Ziel, Aktor, Auswirkung und Ergebnisse sollten immer auf die gleiche Weise formuliert werden. Beispielsweise kannst Du ein Ziel sowie die Auswirkungen in imperativer Form beschreiben (zum Beispiel „Erhöhe Blogleser um 10 Prozent in 2016"). Für Aktoren und Ergebnisse nutzt Du hingegen ein Substantiv.

Lesetipp
Am besten Du surfst auf der Webseite von Gojko Adžić unter

www.impactmapping.org vorbei. Dort bietet Dir der Erfinder von Impact Mapping weiterführende Infos und Workshopmaterial.

Zusammenfassung

Arbeitest Du und Dein Consulting Team regelmäßig an Aufgaben, deren geschäftliches Ziel für Dich im Nebel liegen? Hast Du ein Ziel und möchtest herausfinden, wer, wie und was Dir bei dessen Erreichung hilft? Rasch und mit wenig Aufwand hilft Dir Impact Mapping, qualitative Antworten auf beide Fragen zu erhalten.

Die SMART-Methode – das Ziel clever formulieren

Was haben die folgenden drei Ziele gemeinsam?

1. *Erhöhung des Umsatzes durch Neukunden.*
2. *Verbesserung der Englischkenntnisse.*
3. *Mehr Sport treiben.*

Was sich liest wie typische Neujahrsvorsätze eines Beraters, sind formal schlecht definierte Ziele. Es fehlt ihnen das smarte Etwas. Vielleicht wirst Du jetzt etwas gelangweilt mit Deinem Kopf Nicken und an das Akronym ‚SMART' für die Setzung von Zielen denken. Kennen ist das Eine, anwenden das Andere. Oder als Frage formuliert: sind Deine beruflichen und privaten Ziele allesamt SMART?

Zweck

Ob für das Beratungsprojekt, während der Karriereplanung oder in Vorbereitung eines Sportwettkampfes. Immer wieder stehst Du vor der Aufgabe, Ziele festzusetzen und anschließend nachzuverfolgen. Sicherlich hast Du in diesem Zusammenhang bereits von den SMARTen-Eigenschaften eines Ziels gehört. Bevor wir in die Details gegen, ein paar Grundlagen.

Wikipedia definiert ein Ziel generell als *„ein in der Zukunft liegender, gegenüber dem Gegenwärtigen im Allgemeinen veränderter, erstrebenswerter und angestrebter Zustand."*. Im Fokus steht die Veränderungen gegenüber der Ist-Situation, hin zu einer attraktiveren Ziel-Situation. Die Betriebswirtschaft unterscheidet zusätzlich zwischen Ergebnis- und Handlungszielen. Erstere sind die gewünschten Resultate und Zustände, Letzteres die Mittel und Aktionen die dafür aufgewendet werden.

Ziele sind weder Anforderungen noch Aufgaben. Grenze in Deiner Beratungspraxis klar ab. Grob umrissen sind Anforderungen gewünschte Eigenschaften und Fähigkeiten einer Lösung. Aufgaben wiederum sind ergebnisorientierte Tätigkeiten mit einer Terminfrist.

Aufbau

Je nachdem welches Buch oder Webseite Du konsultierst, definiert jeder Autor die fünf Buchstaben der SMART-Methode ein klein wenig anders. In meiner Praxis halte ich mich an folgende fünf Eigenschaften:

Spezifisch (engl. Specific)

Formuliere ein Ziel präzise, eindeutig und widerspruchsfrei. Daher: Was genau soll erreicht werden? Welche Elemente sind im Scope des Zieles? Wer ist in der Zielerreichung involviert? Alle Beteiligten sollten das gleiche gemeinsame Verständnis über das Ziel haben.

Messbar (engl. Measureable)
Auf den Ökonom Peter Drucker geht der Satz zurück: *„Was Du nicht messen kannst, kannst du nicht lenken."* Auch für Ziele gilt: mache sie messbar. Ein Ziel muss quantifizierbar sein, um seine Erreichung bzw. Abweichung feststellen zu können. Zentrale Fragen: Woran kann die Erfüllung gemessen werden? Welchen Wert genau? Wann ist klar, dass das Ziel erreicht wurde?

Attraktiv (engl. Attractive)
Ein Ziel solltest Du herausfordernd, akzeptierend und emotional positiv formulieren. Vermeide Negativbegriffe wie 'nicht', ‚aufhören' oder 'stoppen'. Stelle Fragen wie: Wirkt das Ziel motivierend? Gestaltet sich das mit dem Ziel verbundene Bild für alle Beteiligten attraktiv? Inwieweit verhält es sich angemessen zur aktuellen Situation?

Realistisch (engl. Realistic)
Es ist frustrierenden, einem unrealistischen Ziel bzw. einem Ziel außerhalb des eigenen Einflussbereiches hinterherzujagen. Definiere Ziele, die mit den verfügbaren Mitteln in der gegebenen Zeit tatsächlich erreichbar sind. Erneut helfen Dir dabei Leitfragen: Ist das Ziel unter den aktuellen Rahmenbedingungen machbar? Mit Blick auf Zeit und Ressourcen: wie realistisch lässt sich das Ziel erreichen?

Terminiert (engl. Timed)
Jedes gute Ziel besitzt eine klare Terminvorgabe bzw. eine Zeitperiode bis wann bzw. währenddessen das Ziel erreicht werden soll. Ein Ziel ohne Frist oder Zeitrahmen ist von geringem Wert. Im Klartext: Bis wann soll das Ziel erreicht werden? In welchem Zeitrahmen muss das Ziel erreicht werden?

Anwendung

Zu Beginn steht der Wunsch, das Bedürfnis oder auch das Problem. Aus diesen leiten sich Ziele ab. Liegen diese vor, kannst Du die SMART-Methode zum Einsatz bringen. Im Einzelnen:

1. Formulieren
Die SMART-Eigenschaften unterstützen Dich gute Ziele zu definieren. Stellst Du ein Ziel auf, testest Du im Anschluss, zu welchem Grad es die fünf Eigenschaften erfüllt. Und besserst unmittelbar nach.

2. Herunterbrechen
Scheue bei umfangreichen Zielen nicht davor zurück, diese in SMARTe Teilziele herunter zu brechen. Aus langfristigen Jahreszielen leitest Du beispielsweise Quartalsziele, daraus wiederum Monatsziele, etc. ab. Die Teilziele müssen dann parallel oder sequentiell erfüllt werden, um schließlich das große Hauptziel zu erreichen.

3. Überprüfen
Nutze die SMART-Eigenschaften als Schablone mit der Du vorgegebene Ziele auf ihre Güte überprüfst und bei Bedarf präzisierst. Beispielsweise nutze ich SMART zur Validierung meiner beruflich vereinbarten Jahresziele und verhandle bei schwammig formulierten Zielen nach.

4. Verfolgen
Was nützt ein klar formuliertes Ziel, wenn dieses nicht in Angriff genommen wird? Ebenso wichtig wie das Aufstellen des Ziels, liegt in dessen Realisierung. Achte darauf, dass Du nicht zu viele Ziele definierst deren gleichzeitige Erreichung sich als unrealistisch herausstellt.

5. Erreichen
Erreichst Du und weitere Beteiligte ein definiertes Ziel, dann feiert ihr diese Leistung gemeinsam als Erfolgserlebnis. Scheitert ihr hingegen, dann könnt ihr auf Basis des ausformulierten Ziels Erkenntnisse und Erfahrungen ableiten sowie ein neues Ziel setzen.

Vor- & Nachteile

Die SMART-Methode ist ein pragmatisches Instrument, um mit geringem Aufwand formal korrekte Ziele zu formulieren. Auf Basis der fünf Eigenschaften arbeitest Du eindeutige, erstrebenswerte und zeitlich definierte Zielzustände heraus.

Dazu müssen die Ziele jedoch bekannt sein. SMART hilft Dir nicht beim Prozess der Zielfindung und Weiterverfolgung. Auch geht die Methode nicht auf die verschiedenen Abhängigkeiten zwischen den Zielen ein. So können die von Dir formulierten Ziele in Konflikt stehen, sich gegenseitig ergänzen, abschwächen oder unterstützen.

Praxistipps

Tipp 1 – Macht der Gewohnheit
Ziele lassen sich einfacher und meist auch schneller erreichen, wenn Du aus ihnen eine Gewohnheit machst. Ein Beispiel: angenommen Du planst Deinen

Grundwortschatz in Englisch bis vor dem Auslandseinsatz ab Juli um 2.000 Vokabeln zu erweitern. Dazu entwickelst Du das Ritual, am Abend nach der Dusche für 10 Minuten Englischvokabeln zu trainieren. Einmal etabliert, entwickelt sich die anfangs ungewohnte Tätigkeit als fester Baustein Deines Alltags.

Tipp 2 – Alles ist messbar

Nicht immer lässt sich die Erfüllung eines Ziels direkt und einfach messen. Nutze Hilfsmittel wie Befragungen („Auf einer Skala von 1 bis 5, wie bewerten Sie..."), Korridore („Zwischen 5 bis 8 Prozent"), Zustände („dokumentiert und überprüft" sowie Stellvertretergrößen („Bisherige Ausgaben und verbrauchte Zeit") um die Zielerreichung nachvollziehbar zu quantifizieren.

Tipp 3 – Besser neutral als spezifisch

Ein Ziel sollte nicht bereits den Weg vorwegnehmen, auf dem es erreicht werden soll. Dann ist es nämlich kein Ergebnisziel mehr, sondern ein Handlungsziel. Diese wiederum sind für Wissensarbeiter wie Dich und Deine Beratungskunden meist wenig attraktiv. Daher: formuliere Ziele möglichst lösungsneutral.

Tipp 4 – Selbsterfüllende Prophezeiung

Ein Ziel wird attraktiver, wenn es heute bereits einen zukünftigen Zustand beschreibt. Beispiel: Statt *„Wir werden dieses Jahr zwei Beratungsprojekte bei Neukunden aus dem deutschen Mittelstand gewinnen."* wandelst Du das Ziel leicht ab in *„Dieses Jahren haben wir zwei Beratungsprojekte bei Neukunden aus dem Deutschen Mittelstand gewonnen."*. Mit der Formulierung verinnerlichst Du und Deine Kollegen bereits heute das Ziel.

Tipp 5 – Sag es weiter

Noch bessere Ziele erhältst Du, indem Du diese offen an Dein berufliches bzw. privates Umfeld kommunizierst. Auf diese Weise bekommst Du Feedback zu den Vorhaben und baust gleichzeitig einen sanften sozialen Druck auf. Natürlich solltest Du bewusst auswählen, welches Ziel Du mit wem besprichst.

Lesetipp

In ihrem lesenswerten Büchlein ‚SMART Ziele setzen und erreichen: Erfolg durch neue Gewohnheiten' nimmt sich Barbara Brühwiler dem Thema Ziele, Erfolg und Gewohnheiten im Privaten und Beruflichen an. Das Buch lässt sich locker auf einer längeren Hin- und Rückreise zum Beratungskunden durcharbeiten.

Zusammenfassung

Sei smart und formuliere Deine Ziele SMART. Zwar kostet es kurzfristig mehr Aufwand, ein SMARTes Ziel zu definieren. Mittel- bis langfristig profitierst Du,

Deine Kollegen und Deine Kunden jedoch davon, spezifische, messbare, akzeptierte, realistische und terminierte Zielsetzungen formuliert zu haben. Sorge für Klarheit über das Ziel und den Umstand, zu welchem Grad ihr dieses bereits erreicht habt.

Die Stakeholderanalyse – die Bedarfe der Akteure aufdecken

In Beratungsprojekten menschelt es. Abseits des großen Projektparketts hat jeder Teilnehmer seine eigene Geschichte, verfolgt persönliche Interessen und besitzt individuelle Vorlieben. Als Consultant kennst Du diese sozialen Facetten, beeinflussen sie doch erheblich den Projekterfolg und somit Deinen Ruf beim Kunden. Ein nützliches Tool um Ordnung in das verwirrende Netz der Projektakteure zu bringen ist die Stakeholderanalyse.

Zweck

Das Online Lexikon Wikipedia definiert einen Stakeholder als eine Person oder Gruppe *„...die ein berechtigtes Interesse am Verlauf oder Ergebnis eines Prozesses oder Projektes hat."*. Für Dich als Unternehmensberater bedeutet das: Stakeholder sind prinzipiell alle Beteiligte, die Einfluss auf die Ergebnisse sowie den Verlauf eines Projektes nehmen können. Typische **interne Stakeholder** sind zum Beispiel der Prozessverantwortliche, der Systemnutzer und der Auditor.

Stakeholder müssen nicht zwangsläufig im Unternehmen tätig sein. Auch **externe Stakeholder** wie der Steuerprüfer, der Softwarehersteller oder der Lieferant können Einfluss auf das Projekt besitzen bzw. an dessen Ergebnis interessiert sein.

Stehst Du vor einem großen Projekt mit zahlreichen (heterogenen) Stakeholdern mit unklarer Interessenslage ist es ratsam, eine Stakeholderanalyse auf Basis einer **Stakeholder-Matrix** durchzuführen. Die Matrix erfüllt dabei gleich zwei Funktionen.

- Erstens enthält sie alle relevanten Kontaktdaten der Stakeholder, dient Dir auf diese Weise als **Projektadressbuch**.
- Zweitens dokumentiert sie die Treiber, Interessen und Absichten der Projektteilnehmer, übernimmt damit die Funktion eines **Persönlichkeitsradars**.

Unterschätze speziell den zweiten Punkt nicht, haben Stakeholder auch immer ihre eigenen individuellen Ziele und Vorlieben. Absichten können ein Projekt beflügeln und enorm voranbringen, im ungünstigen Fall jedoch auch ausbremsen oder gar gefährden.

Aufbau

Im Rahmen Deiner Stakeholderanalyse hältst Du folgende acht Informationsbausteine über jeden Projektteilnehmer in einer Matrix fest:

- vollständiger **Name** (Vor- und Zuname) inklusive Titel
- übernommene **Rolle** im Projekt (zum Beispiel Qualitätssicherung Prozesse)
- reguläre **Position** in der Linienorganisation (zum Beispiel Abteilungsleiter Beschaffung)
- die **Kontaktdaten**, insbesondere Telefonnummer und E-Mail
- das **Wissensgebiet und Umfang** in fachlicher, technischer und/oder rechtlicher Hinsicht (zum Beispiel SAP Experte)
- Persönliche **Ziele und Interessen** in Bezug auf das Projekt (zum Beispiel Prozesserleichterung durch neue Systemunterstützung)
- eigene **Motivation** (gering, mittel, hoch) an den Ergebnissen und der Projektumsetzung
- vorhandene **Einfluss** auf das Projekt (gering, mittel, hoch), zum Beispiel auf Basis von Entscheidungsbefugnissen

In Abhängigkeit des Projekts können weitere Infos relevant sein. Handelt es sich zum Beispiel um ein sehr zeitkritisches Projekt, dann solltest Du ebenfalls die **zeitliche & räumliche Verfügbarkeit** des Stakeholders ermitteln. Besitzt das Projekt hingegen eine starke Aufmerksamkeit im Top-Management, so ist es angebracht auch dessen **öffentliche Relevanz** festzuhalten. Diese bringt zum Ausdruck, wie stark ein Stakeholder die öffentliche Meinung zum positiven und negativen beeinflussen kann.

Aus meiner Erfahrung sind neben dem Namen speziell die Rolle, Kontaktdaten sowie die Ziele & Interessen eines Stakeholders wichtig. Zumindest diese Parameter solltest Du notieren, um im Projektalltag rasch Kontakt zu dem jeweiligen Teilnehmer aufnehmen zu können. Nachfolgende Abbildung zeigt ein Beispiel einer Stakeholder-Matrix, erstellt in Microsoft Excel. Fett hervorgehoben der bevorzugte Kommunikationskanal.

Vorname	Nachname	Rolle	Position	E-Mail	Telefon	Wissensgebiet	Ziele	Motivation	Einfluss
Martin	Mustermann	Projekt-leiter	Abteilungs-leiter	**Martin.Mustermann@firma.de**	+49 089 555 55555	Projektmanagement	Projekterfolg	Gering	Hoch
Marta	Musterfrau	Analyst	Externer Berater	**Marta.Musterfrau@consulting.de**	+49 089 444 44444	Prozess Engineering, Banking & Finance	Zufriedenheit des Kunden	Hoch	Gering

Consulting-Life.de | Autor: Christopher Schulz |Stand: 07.05.2016   **Legende**   **fett** ... bevorzugter Kommunikationskanal

Aufbau einer typischen Stakeholder-Matrix

Eine Stakeholderanalyse ist ein wichtiger Baustein des Stakeholder-Beziehungsmanagements. In Ergänzung solltest Du im Projekt anregen, die **Rechte und Pflichten** eines Stakeholders explizit festzuhalten um somit seine genaue Rolle zu präzisieren. Beispielsweise gehört zu den Rechten eines Stakeholders das Recht auf angemessene Information über den

Projektstand inklusive wichtige Entscheidungen und Entwicklungen. Eine Pflicht ist zum Beispiel die halbtägige Verfügbarkeit während der ersten Projektphase. In dieser Zeit steht der Stakeholder für Wissens- und Erfahrungstransfer an die Projektkollegen bereit.

Anwendung

1. Stakeholder erfassen
Unmittelbar zum Projektbeginn durchläufst Du die folgenden drei Schritte und befüllst damit die Stakeholder-Matrix.

1. Erhebe den **Namen**, die **Position** sowie die **Kontaktdaten** der relevanten Stakeholder mit Hilfe des offiziellen Adressbuches des Unternehmens. Meist sind diese Infos direkt im E-Mailprogramm hinterlegt.
2. Leite die **Rolle**, **Wissensgebiet & Umfang** und **Einfluss** aller Stakeholder aus den Projektunterlagen ab. Beispielsweise hilft Dir ein Organigramm herauszufinden, über welche Entscheidungsbefugnis ein Stakeholder verfügt.
3. Ermittle schließlich die **Ziele & Interessen** sowie die **Motivation** auf Basis persönlicher Interaktionen mit den Stakeholdern. Geeignete Anlässe sind zum Beispiel das Projekt Kick-Off, Workshops, Interviews und Statustreffen.

Achte darauf, keine Stakeholder zu vergessen. Richte Fragen wie *„Wer muss in für den Projekterfolg inhaltlich noch eingebunden werden?"* oder *„Über welchen Schreibtisch gehen die Projektergebnisse?"* direkt an Deinen Kunden.

2. Kommunikationsmaßnahmen ableiten
Auf Basis der erhobenen Stakeholder sowie ihrer Ziele, Motivation und Einfluss leitest Du anschließend Kommunikationsmaßnahmen ab. Kläre dabei typische Fragen wie: Wer ist in welchen Meetings in welcher Rolle einzubinden? Wer kann wann im Projekt welche Infos beisteuern? Wer kann gut mit wem zusammenarbeiten?

3. Stakeholder-Matrix aktualisieren
Ziele, Interessen, Motivation und der Einfluss eines Stakeholders sind nicht in Stein gemeißelt, sondern können während des Projektes variieren. Auch kommen neue Teilnehmer hinzu bzw. werden einige aus dem Projekt abgezogen. In Regelmäßigen Abständen solltest Du daher die Analyse erneut anstoßen und Deine Stakeholder-Matrix an den aktuellen Stand anpassen.

Vor- & Nachteile

Gerade bei großen, verteilten und personell umfangreichen Projekten ist die Stakeholderanalyse ein nützliches Tool mit dem Du Dir einen Überblick über die Schlüsselspieler, ihre Interessen und Betroffenheit verschaffst. Projekte sind immer auch People Business mit offenen und verdeckten Zielen, Freundschaften und Animositäten sowie Präferenzen und Abneigungen. Die erarbeitete Stakeholder-Matrix hilft Dir diese menschlichen Beziehungen strukturiert aufzunehmen, zu verstehen und bei Bedarf auf sozialer Ebene aktiv zu werden.

Großer Nachteil einer Stakeholderanalyse ist die erforderlich Disziplin. Es kostet Zeit, eine Matrix zu erstellen und kontinuierlich auf dem aktuellen Stand zu halten. Auch bei Stammkunden, bei denen Du ein Großteil der Projektakteure bereits kennst, ist die Analyse nicht unbedingt erforderlich. Schließlich geht die vorgestellte Stakeholder-Matrix nicht explizit auf die Beziehungen zwischen Stakeholdern ein. Besser geeignet ist hierfür das Zielediagramm.

Praxistipps

Tipp 1 – Optimaler Kommunikationskanal
Verschiedene Stakeholder bevorzugen verschiedene Kommunikationskanäle. Mag der eine die E-Mail, zieht der andere das persönliche Gespräch vor. Die favorisierte Kommunikationsform solltest Du herausfinden und in der Stakeholder-Matrix markieren.

Tipp 2 – Keiner wird vergessen
Nicht beachtete Stakeholder können ein Projekt im schlimmsten Fall zum Scheitern bringen. Als Consultant wirst Du am Erfolg des Projektes gemessen und solltest daher alle Stakeholder und ihre Interessen kennen und frühzeitig ins Boot holen.

Tipp 3 – Tool der Selbstreflexion
Hast Du Dich ebenfalls in der Stakeholder-Matrix notiert? Nutze die Stakeholderanalyse ebenfalls als Werkzeug der Selbstreflexion. Welche Funktion nimmst Du im Projekt wahr? Gibt es Spezialwissen, dass Du einbringen kannst?

Tipp 4 – Partielle Abstimmung
Stakeholderanalysen sind ein heikles Thema adressieren sie offen die zwischenmenschlichen Facetten im Projekt. Mit dem Kunden kannst Du problemlos die Kontaktdaten sowie das Wissensgebiet abstimmen und auf Vollständigkeit ergänzen. Zurückhaltend solltest Du hingegen bei den Zielen, Motivationen und Einflüssen sein. Behalte diese zunächst für Dich bzw. Deine

Beraterkollegen. Erst wenn der Kundenprojektleiter offen anfragt, bringst Du die vollständige Matrix als Vorschlag ein.

Tipp 5 – Die Arbeitsgrundlage
Kommunikationsplan, Zielediagramm, Aufgabenliste, Besprechungsprotokoll oder Interviewlandkarte – als stabiles Fundament fungiert die Stakeholderanalyse als Input für viele weitere Ergebnistypen in Deinem Beratungsprojekt.

Lesetipp
Weitere Infos zur Stakeholderanalyse findest Du auf dem Blog www.projekte-leicht-gemacht.de. Die Webseite bietet zudem viele weitere Methoden und Modelle des Projektmanagements.

Zusammenfassung

Für ein Projekt finden sich für eine begrenzten Zeitraum Menschen zusammen, um gemeinsam ein Ergebnis zu erschaffen. Mit einer Stakeholderanalyse beschäftigst Du Dich genau mit diesen Menschen, versetzt Dich in ihre Rolle und vollziehst die persönlichen Interessen nach. Automatisch identifiziert Du auf diese Weise soziale Risiken und Stolpersteine denen Du mit geeigneten Linderungsmaßnahmen entgegentreten kannst.

Das Zieldiagramm – die Stakeholder-Wünsche aktiv managen

Du kennst die Situation. Ein großes komplexes Projekt. Viele Aufgaben und Stakeholder. Unterschiedliche Ziele. Für Dich als Unternehmensberater besteht das erhöhte Risiko, ungewollt zwischen die Ziele-Fronten zu geraten. Damit es nicht zu diesem Worst-Case kommt, gibt es Zieldiagramme. Diese bringen Transparenz in das Dickicht der Stakeholder und ihren Absichten.

Zweck

Als Unternehmensberater entlastest Du in Projekten. In diesen einmaligen und zeitlich terminierten Vorhaben verfolgen Stakeholder verschiedene Absichten. Und versprechen sich, dass Projekte und deren Ergebnisse ihnen hilft ihre Absichten zu verwirklichen. Das Problem: Je mehr Stakeholder in einem Projekt involviert sind, desto mehr Ziele gibt es. Es ist keine Seltenheit, dass diese Ziele auseinanderlaufen oder sich widersprechen. Was also tun?

Am besten Du ermittelst die Ziele und dokumentierst diese mit Hilfe eines Zielediagramms, auch Zielediagramme (mit ‚e'), Zielbäume oder Und-/Oder-Graphen genannt. Besteht erst einmal Transparenz über das Geflecht von projektspezifischen, beruflichen und privaten Zielen, kannst Du Wiedersprüche und Konflikte gezielt aufdecken. Und Dich dann klar an den Absichten der Stakeholder und vor allem Deines beauftragenden Kunden ausrichten.

Aufbau

Ein Zieldiagramm besteht aus Stakeholdern, Zielen und Beziehungen zwischen diesen Elementen. Im Detail sind das:

- **Stakeholder**, daher Personen deren Ziele Du bestimmen möchtest. Ein Stakeholder kann mit mehreren Zielen über eine Linie verknüpft sein. Die Wichtigkeit eines bestimmten Ziels kann durch ein Gewicht präzisiert werden, ausgedrückt durch ‚weight' sowie dem Gewichtungswert.
- Die Absichten der Stakeholder sind die **Ziele**. Ein identisches Ziel können mehrere Stakeholder parallel verfolgen.
- Mittels einer **Und- bzw. Oder-Dekomposition** lassen sich Ziele in **Teilziele** verfeinern. Bei einer Und-Zerlegung müssen alle Teilziele erfüllt sein, um das Ziel zu erfüllen. Hingegen muss bei einer Oder-Zerlegung nur ein Teilziel erfüllt sein, um das Ziel zu erreichen. Im Diagramm werden Und-Zerlegungen als durchgezogene, Oder-Zerlegungen als gestrichelte Linie dargestellt.
- Ist die Erfüllung eines Ziels die **Voraussetzung** für ein anderes, kann dies im Diagramm mit einer gerichteten Verknüpfung zwischen den

entsprechenden Zielen signalisiert werden. Diese trägt die Aufschrift ‚demand', den englischen Begriff für ‚benötigt'.
- Auch ein **Konflikt** zwischen zwei Zielen lässt sich modellieren. Dies wird im Diagramm durch einen entsprechenden Doppelpfeil mit der Aufschrift ‚conflicts' ausgedrückt.

Beispiel gewünscht? In untere Abbildung findest Du den Ausschnitt eines Zieldiagramms für ein typisches IT-Systemprojekt. Sicherlich kannst Du bereits nach kurzer Zeit erkennen, dass die Teilziele ‚Einhaltung Qualität' und ‚Geringe Personalkosten' in Konflikt stehen. Ebenfalls auf einen Blick ersichtlich ist der Umstand, dass die ‚Pünktliche Auslieferung' des IT-Systems die Erfüllung des Teilziels ‚Einhaltung Termin' erfordert.

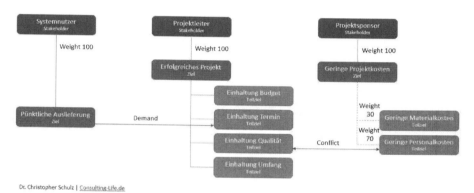

Beispiel eines Zieldiagramms für ein IT-Systementwicklungsprojekt

Anwendung

1. Stakeholder dokumentieren
Erfasse zunächst die wesentlichen Stakeholder. Eine gute Grundlage bietet Dir hier die Stakeholderanalyse. Falls diese nicht existiert, kannst Du auch das Organigramm des Projektes verwenden.

2. Ziele festhalten
Anschließend notierst Du Ziele dieser Stakeholder. Unterscheide bereits jetzt zwischen Teil- und Hauptzielen und verknüpfe diese mittels Und- (durchgezogene Linie) sowie Oder-Beziehungen (gestrichelte Linie) untereinander.

3. Relevanz ergänzen
Falls Dir bekannt, ergänze Deine Stakeholder-Ziele-Pfeile durch Gewichtungsinformationen. Bist Du noch neu im Projekt und sind Dir die

Personen und deren Zielpriorität noch unbekannt, verwendest Du einfach die Begriffe ‚sehr wichtig', ‚wichtig' und ‚wenig wichtig'.

4. Abhängigkeiten dokumentieren
Finde jetzt heraus, welches Ziel eine Voraussetzung für anders darstellt und führe die entsprechenden ‚demand'-Doppelpfeile ein. Vermeide Zyklen, d.h. Kreise von Abhängigkeiten, da diese nicht aufgelöst werden können.

5. Zielkonflikte notieren
Schließlich ist es nun an der Zeit, Konflikte zwischen den Zielen zu identifizieren und per ‚conflict' zu markieren. Beachte, dass Konflikte ausschließlich inhaltlich zwischen den Zielen bestehen. Mit persönlichen Animositäten zwischen den Stakeholdern hat das nichts zu tun.

Auf Basis Deines Zieldiagramms kannst Du nun Deine Kommunikationsstrategie mit den Stakeholdern optimieren. Helfe schwelende Konflikte zu hinterfragen und im Dialog mit den beteiligten Personen aufzulösen. Je früher im Projektverlauf, desto besser.

Vor- & Nachteile

Zieldiagramme unterstützen Dich beim Umgang mit den Stakeholdern des Projektes. Personen, ihre Ziele sowie ihr Stellenwert werden mit Hilfe des Diagrammtyps transparent. Auch können mit ihnen Widersprüche und Konflikte frühzeitig aufgedeckt, Fehlentwicklungen damit vermieden werden. Der große Vorteil von Zieldiagrammen gegenüber einer tabellarischen Visualisierungsform besteht in ihrer einfachen Lesbarkeit. Gerade wenn es um das Zusammenspiel von Zielen geht, gibt Dir diese Visualisierungsform eine klare Orientierung.

Ein Nachteil von Zieldiagrammen liegt in ihrem statischen Charakter. Bist Du in einem volatilen Projekt unterwegs in denen sich Stakeholder, Aufgaben und Ziele stetig wandeln, dann ist Dein Zieldiagramm entweder veraltet oder Du passt es pausenlos an die aktuellen Gegebenheiten an.

Praxistipps

Tipp 1 – Multifunktionell einsetzbar
Zieldiagramme dienen nicht nur der Stakeholderanalyse. Auch für das Projektmanagement oder im Requirements Engineering lässt sich der Diagrammtyp prima einsetzen. So sorgen sie beispielsweise im Projektmanagement dafür, dass gesetzte und visualisierte Projektziele nicht neupriorisiert oder uminterpretiert, neue Ziele ergänzt oder bestehende einfach weggelassen werden.

Tipp 2 – Fokus auf die Top-Drei
Viele Stakeholder, viele Ziele. Schnell wird Dein Zieldiagramm groß und unübersichtlich, irgendwann dann nicht mehr handhabbar. Beschränke Dich daher auf die drei wichtigsten Ziele eines Stakeholders und lasse maximal eine Unterebene von Teilzielen zu. Es gilt die Devise: Pragmatismus vor Vollständigkeit.

Tipp 3 – Fortwährende Nutzung
Ein Zieldiagramm ist nicht nur zu Beginn eines Projektes Dein Wegweiser. Auch im Zeitverlauf und beim Abschluss des Vorhabens dient es Dir als Richtschnur für Deine Kommunikationsstrategie mit den Stakeholdern. Gleiche die notierten Ziele daher fortwährend ab und aktualisiere bei Bedarf das Diagramm.

Tipp 4 – Falls möglich: SMART
Nicht unbedingt müssen alle im Zieldiagramm dokumentierten Ziele SMART, das heißt Spezifisch, Messbar, Attraktiv, Realistisch und Terminiert sein. Schließlich handelt es sich um die Ziele der Stakeholder und nicht um die Deinen. Natürlich ist SMART immer besser.

Zusammenfassung

In Projekten verfolgen Stakeholder unterschiedliche berufliche und persönliche Ziele. Nicht immer unterstützen sich diese Ziele, sondern bedingen bzw. widersprechen sich gar. Zieldiagramme erleichtern Dir das systematische Dokumentieren und Analysieren von Zielebeziehungen. Mit dem genauen Wissen über Abhängigkeiten, Hierarchien, Wichtigkeit und Konflikten zwischen Zielen, sollte es Dir möglich sein, besser auf die Stakeholder einzugehen und Lösungen im Sinne des Gesamtprojekterfolges herauszuarbeiten.

5. Ideengenerierung & Kreativdenken

Die 6-Hüte-Methode – die Lösung durch Perspektiven finden

Dein Team und Du sind auf der Suche nach kreativen Antworten für ein Problem? Ein Brainstorming generiert wenige und immer nur die gleichen Einfälle? Dann bringt Euch vielleicht die ‚6-Hüte-Methode' von Edward de Bono zum Ziel. Anders als wie beim klassischen brainstormen, nimmt hier jeder eine feste Rolle ein und kann offen ohne Vorbehalte aus dieser Perspektive argumentieren.

Zweck

1986 stellte der britische Kognitionswissenschaftler und Physiker Edward de Bono die Gruppendiskussionsmethode 6-Hut-Denken vor. Auch genannt ‚Denkhütte von de Bono', ‚6-Hüte-Methode' bzw. ‚Six-Thinking-Hats', handelt es sich dabei um eine Kreativitätstechnik mit dem Ziel, strukturiert Ideen zu einer definierten Fragestellung zu generieren.

Anders als im Brainstorming, vertreten bei der 6-Hüte-Methode die sechs Teilnehmer nicht ihren persönlichen Standpunkt, sondern nehmen die Position und Denkweise einer der sechs Hüte ein. Jeder Hut – bzw. jede Person – vertritt dabei einen anderen Standpunkt aus dem sie den Sachverhalt betrachtet.

Als Consultant bringst Du die Technik in zwei Situation zum Einsatz: 1. Lösungsfindung und 2. Entscheidungsfindung. Im ersten Fall erarbeitest Du gemeinsam mit dem Kunden und/oder Kollegen Ideen, um eine komplexe Fragestellung zu knacken. Im zweiten betrachtest Du im Team mindestens eine Entscheidungsoption und entwickelst Gründe und Konsequenzen für bzw. gegen diese Alternative heraus.

Aufbau

Jeder der sechs Hüte besitzt eine andere Farbe. Trägt ein Teilnehmer einen bestimmten Hut so übernimmt er damit eine der folgenden Rollen.

- **Weiß:** Die Person mit einem weißen Hut ist der neutrale und objektive Analytiker. Sie konzentriert sich auf die Zahlen, Daten und Fakten.
- **Rot:** Persönlich und emotional geht es bei der Person mit dem roten Hut zu. Für diese Person stehen die Gefühle, Ängste, Hoffnungen und Meinungen im Zentrum.

- **Schwarz:** Buchstäblich malt diese Person schwarz. Sie ist der kritische Zweifler im Treffen, fokussiert sich auf das Risiko, die Probleme, Bedenken und Ängste.
- **Gelb:** Der Optimist trägt einen gelben Hut. Die Person sucht (teilweise spekulativ) die Chancen, Vorteile, Pluspunkte und Nutzen am diskutierten Thema.
- **Grün:** Der Grün-Hut Träger vertritt die Kreativität. Aufgabe dieser Person ist es, assoziativ zu denken, damit neue Ideen, Impulse und Denkanstöße zu geben.
- **Blau:** Die Person mit dem blauen Hut agiert als Moderator. Mit ihrem Gesamtüberblick über den Prozess, strukturiert sie das Treffen und leitet die Teilnehmer.

Anwendung

Wie bei jeder Kreativitätstechnik untergliedert sich auch die 6-Hüte-Methode in Vorbereitung, Durchführung und Nachbereitung. Die Phasen im Einzelnen sind:

1. Sitzung vorbereiten
Vor dem Treffen informierst Du die Teilnehmer über das Diskussionsthema. Sorge dafür, dass mit einem grundlegenden Verständnis an die Sache herangegangen wird. Basiswissen und Kernbegriffe sollten allen Gruppenmitgliedern bekannt sein. Um Dich als Leiter zu entlasten, kannst Du im Vorfeld einen Zeitnehmer sowie einen Protokollanten festlegen.

2. Rollen vergeben
Verteile zu Beginn Eures Treffens die farbigen Hüte (alternativ Armbänder, Tischkärtchen, Moderationskarten oder Badges) an die Teilnehmer und lege damit Art der Rolle fest, in welcher diese nun denken und diskutieren. Gib jeder Person etwas Zeit, sich mit der Rolle vertraut zu machen. In Euren Gesprächen solltest Du zudem darauf achten, dass eine Person ihren Hut nicht ablegt, daher immer mit den vom Hut geforderten Eigenschaften argumentiert.

3. Ideen finden
Reihe um äußert sich nun jeder Teilnehmer zur Fragestellung aus seiner entsprechenden Hut-Perspektive. Der Protokollant hält das Gesagte auf einem Flipchart, Whiteboard bzw. einer Pinnwand fest. Hat sich jedes Gruppenmitglied geäußert, heißt es die Perspektive zu wechseln. Dazu wandern die Hüte eine Person weiter und die Diskussion beginnt erneut. Wie auch bei Brainstorming gilt: in dieser Phase wird gesammelt, nicht gewertet.

4. Ideen bewerten
Nachdem jeder Teilnehmer jeden Hut einmal aufgehabt hatte, macht ihr Euch nun an die Bewertung. Erneut bist Du als Leiter gefordert, wenn es um die

Sammlung, Konsolidierung und die Ausarbeitung der nächsten Schritte geht. Die Phase endet nachdem alle Ideen abgearbeitet bzw. die vordefinierte Zeit verstrichen ist.

Vor- & Nachteile

Der Hauptvorteil des 6-Hut-Denkens ist in Offenheit die entsteht, wenn jeder Teilnehmer eine definierte Rolle spielt. Statt für sich selbst zu stehen und subjektiv zu argumentieren, spricht die Person aus der Sichtweise des Hutes. Ungewöhnliche Vorschläge gehen damit leichter von der Zunge, festgefahrene Sichtweisen werden aufgebrochen. Da die Methode von allen Personen gleichzeitig und insbesondere gemeinsam angewendet wird, entstehen häufig positive Effekte des kollaborativen und parallelen Denkens.

Ein großer Nachteil der 6-Hüte-Methode ist die fixe Teilnehmeranzahl. Genau sechs Personen müssen sich einfinden, damit die Methode optimal funktioniert. In großen Organisationen mit zahlreichen Parallelprojekten und Betriebsaufgaben kann das zum Problem werden. Selten findet sich ein gemeinsamer Termin, an welchem neben Dir fünf weitere Personen Zeit haben. Auch stößt das 6-Hüte-Denken bei unkonkreten Sachverhalten an seine Grenzen. Es fällt schwer, aus der Sichtweise eines Hutes zu argumentieren, wenn das Thema noch sehr unausgereift ist.

Schließlich führt das Loslösen vom eigenen Standpunkt gelegentlich dazu, dass die Teilnehmer sich etwas zu stark in die durch den Hut vorgegebene Rolle versetzen. Es wird übersteigert, statt sachlich diskutiert. Die Sitzung gleicht dann eher einem Theater als einem Business Meeting.

Praxistipps

Tipp 1 – In Balance bleiben
Je stärker sich das Teilnehmerfeld in seiner Persönlichkeit unterscheidet (zum Beispiel Temperament, extrovertierte vs. introvertierte Orientierung), desto wichtiger wirst Du als Leiter. Stelle sicher, dass eine bestimmte Rolle nicht zu viel Raum und Sprechzeit erhält.

Tipp 2 – Übung macht den Meister
Fast jeder kennt Brainstorming. Hingegen ist die 6-Hüte-Methode vielen Personen unbekannt. Erwarte daher nicht, dass ihr gleich in Eurer ersten Sitzung eine hohe Menge von qualitativ erstklassigen Ergebnissen generiert. Wie immer macht Übung den Meister.

Tipp 3 – Der Reihe nach
Um sich unvoreingenommen einem Problem zu nähern, sollte der weiße Hut –

der neutrale und objektive Analytiker – eine Runde beginnen. Hingegen beendet der blaue Hut – der Moderator – mit zusammenfassenden Worten den Durchgang.

Tipp 4 – Verdeckte Ermittlung
Analog dem Brainstorming kommt es auch bei der 6-Hüte-Methode zu gruppendynamischen Prozessen. Die Aussage einer Person beeinflusst die Gruppenmitglieder in ihren Gedanken und Handeln. Um solche Effekte zu reduzieren, bittest Du einfach die Teilnehmer ihre Ideen verdeckt auf einem Zettel zu notieren. Am Ende einer Runde visualisiert ihr die Ergebnisse gemeinsam.

Tipp 5 – 6-Hüte für Solo
Auch im Alleingang lässt sich der 6-Hüte-Ansatz anwenden. Steckst Du in einem verzwickten Sachverhalt fest, betrachtest diesen einfach aus dem Blickwinkel der sechs Hüte.

Lesetipp
Sehr viel detaillierter hat die Methode natürlich de Bono selbst in seinem englischsprachigen Buch ‚Six Thinking Hats' dokumentiert. Auf knapp 200 Seiten geht der Autor insbesondere auf die spezifischen Charakteristika, Gedankengerüste und Einstellungen der Hüte ein. Inzwischen kannst Du die Methodik von zertifizierten de Bono-Trainern erlernen.

Zusammenfassung

Als interessante Abwechslung zum Brainstorming hilft Dir die 6-Hüte-Methode Lösungsideen für ein Problem zu entwickeln. Mit der Analyse des Themas aus verschiedenen Blickwinkeln, erhalten Du und Dein Kunde einen umfassenden Überblick. Jedoch: nicht jedes Projektmitglied lässt sich ohne weiteres auf die Methode ein. Entwickle nach und nach ein Gespür dafür, wann die Projektteilnehmer reif für die vielerorts unbekannte Kreativitätstechnik sind.

Das Barcamp – den lockeren Austausch von Ideen fördern

Konferenz, Tagung, Kongress – alles vertraute und irgendwie angestaubte Veranstaltungsformate. Ein Programm, mehrere Sprecher, verschiedene Themen. Und ein Publikum, welches diese passiv konsumiert und höchstens im Frage- & Antwortteil zu Wort kommt. Dabei gibt es eine spannende Alternative die auf den Wissensaustausch, Netzwerken und das Miteinander fokussiert: das Barcamp. Statt Frontbeschallung steht hier die gemeinsame Themenarbeit im Vordergrund. Neugierig? Nachfolgend die Details.

Zweck

Die Web Community spricht das Konferenzformat Barcamp (auch genannt BarCamp, Unkonferenz oder Nicht-Konferenz) Tim O'Reilly vom O'Reilly Verlag zu. Seit 2003 veranstaltet der Amerikaner jährlich das FooCamp, ein Campingwochenende auf dem Internetdenker und Erfinder gemeinsam brainstormen. Den Begriff ‚Foo' kannst Du mit ‚Friends of O'Reilly' übersetzen. Informatiker (wie ich) verstehen unter ‚Foo' und ‚Bar' auch zwei Platzhalter, die häufig im Systemcode oder Bildschirmentwurfsmasken zu finden sind.

Anders als eine gewöhnliche Konferenz oder Tagung besitzt ein Barcamp keine festen Programmelemente. Inhalt und Ablauf gestalten die Teilnehmer zum Auftakt des Camps selbst. Das hört sich zunächst chaotisch an, führt aber dazu, dass Themen kreativ entwickelt und ein hoher Grad von Austausch zwischen den Teilnehmern stattfindet.

In unserer Beratungsfirma veranstalten wir regelmäßig an einem Freitagnachmittag ein 2-stündiges Barcamp. Dreh- und Angelpunkt der firmeninternen ‚Unkonferenz' ist ein spezifisches Leitthema, beispielsweise ‚Vertrieb im Consulting', ‚Best-Practices im Angeboteschreiben' oder ‚Publizieren für Berater'. Eingeladen ist, wer Zeit hat, Input zu einer konkreten Themenstellung benötigt oder den Kollegen seine Erfahrungen weitergeben möchte.

Aufbau

Obwohl ein Barcamp offen und spontan ist und ohne Planung auskommt, ist es nicht gänzlich frei von Regeln. Regeln strukturieren den Event, sorgen für Austausch und handfeste Ergebnisse. Inspiriert vom Film ‚Fight Club' mit Brad Pitt und Edward Norton lauten diese wie folgt (in Klammern ein Übersetzungsvorschlag):

1st Rule: You do talk about Bar Camp.
(„Spreche über das Bar Camp.")

2nd Rule: You do blog about Bar Camp.
(„Blogge über das Bar Camp.")

3rd Rule: If you want to present, you must write your topic and name in a presentation slot.
(„Falls Du präsentieren willst, musst Du das Thema und Deinen Namen in ein Sitzungsfeld notieren.")

4th Rule: Only three word intros.
(„Führe Deine Sitzung kurz und knapp ein.")

5th Rule: As many presentations at a time as facilities allow for.
(„So viele parallele Sitzungen wie die Räumlichkeiten es zulassen.")

6th Rule: No pre-scheduled presentations, no tourists.
(„Keine terminierten Präsentationen, keine Gelegenheitszuhörer.")

7th Rule: Presentations will go on as long as they have to or until they run into another presentation slot.
(„Präsentationen dauern so lange wie nötig bzw. bis sie durch die Nachfolgesitzung beendet werden.")

8th Rule: If this is your first time at BarCamp, you HAVE to present.
(„Bist Du das erste Mal auf einen Barcamp dabei, musst Du eine Sitzung halten.")

Bonusregel: Dynamische Teilnahme. Das heißt, Teilnehmer dürfen eine Sitzung während der Laufzeit verlassen und sich einem anderen Thema anschließen. Keiner soll seine Zeit vergeuden und das Maximale für sich aus dem Barcamp herausholen.

Natürlich musst Du bzw. Deine Kollegen nicht alle Regeln (insbesondere die 8th Rule) bierernst nehmen. Ich halte mich an die Regeln 4 bis 7 sowie die Bonusregel. Übrigens sprechen sich alle Barcamp-Teilnehmer mit einem ‚gehobenen Du' bzw. ‚Arbeits-Du' an. Das schafft Vertrauen und nivelliert hierarchische Ebenen.

Anwendung

Auch wenn der Inhalt des Barcamps vor seinem Beginn noch nicht feststeht, folgt die Veranstaltung einem klaren 5-stufigen Ablauf. Zeitlich nehmen die

Sitzungsphasen rund 80 Prozent der Zeit ein. Bei einem 2-stündigen Barcamp sind das immerhin über 90 Minuten.

1. Begrüßen & vorstellen
Zu Beginn eines Barcamps begrüßen die Organisatoren die Teilnehmer und stellen das Leitthema, Räumlichkeiten sowie die zeitlichen Eckdaten (Start, Ende, Pausen) vor. Ebenfalls werden wichtige Grundlagenbegriffe definiert. Anschließend haben alle Teilnehmer die Möglichkeit sich kurz vorzustellen, verweisen dabei auch auf ihren Bezug und Interesse am Thema.

2. Sitzungsthemen vorschlagen
Jeder Teilnehmer hat nun die Möglichkeit eine oder mehrere Sitzungsthemen vorzuschlagen. Dazu notiert er dieses mit seinem Namen auf eine Karte und stellt dieses anschließend in wenigen Worten der versammelten Gruppe vor. Per Zuruf oder Handzeichen signalisieren die Teilnehmer, wie interessant ein Thema für sie ist.

3. Sitzungsplan festlegen
Die Organisatoren planen nun mit Unterstützung der Teilnehmer das Barcamp. Dazu werden die Sitzungen mit Hilfe einer Matrix auf die verschiedenen Räume (Spalten) und Uhrzeiten (Zeilen) verteilt. Der Sitzungsplan dient fortan als Programmagenda des Barcamps.

4. Sitzungen durchführen
Nun starten die Sitzungen die durch den Themenverantwortlichen geleitet und durch die Teilnehmer inhaltlich ausgestaltet werden. Ein guter Richtwert für die Dauer sind 25 bzw. 40 Minuten. Zwischen zwei Sitzungen gibt es eine Pause von 5 Minuten (für Raumwechsel) bzw. 20 Minuten (für Kaffee und Netzwerken).

5. Barcamp abschließen
Ganz am Schluss fassen die Organisatoren noch einmal das Barcamp zusammen. Insbesondere heben Sie die produktive Zusammenarbeit und den offenen Dialog hervor. Die entstandenen Ideen, Inhalte und Erkenntnisse sind eher zweitrangig.

Vor- & Nachteile

Ganz klar ein positiver Aspekt von Barcamps ist die Gleichbehandlung der Teilnehmer untereinander. Experten diskutieren mit Neueinsteigern auf Augenhöhe, Vorgesetzte mit Mitarbeitern offen auf der gleichen Ebene. Ebenfalls gewinnbringend ist der hohe Interaktionsgrad zwischen den Personen. Nicht das von Konferenzen gewohnte Kinoambiente mit kurzer Fragerunde, sondern ein aktiver Dialog prägt eine Sitzung. Fortwährend werden neue Gedanken generiert, von verschiedenen Perspektiven beleuchtet und in der Gruppe weiterentwickelt.

Großer Pferdefuß des Barcamps ist aus meiner Erfahrung die Ergebnissicherung. Zwar kannst Du in einer Sitzung Hilfsmittel wie Whiteboard, Flipchart und Pinnwände zur Diskussion nutzen, es sorgt jedoch keiner dafür, dass alle Ideen, Erkenntnisse und Aufgaben auch tatsächlich festgehalten und nachverfolgt werden. Eine offizielle Rolle ‚Schriftführer' fehlt. Auch nachteilig aus meiner Sicht der Umstand, dass Sessions (unbewusst) zerredet werden können. Im Gespräch kommen die Teilnehmer vom Hölzchen aufs Stöckchen. Nichts ist wirklich konkret.

Praxistipps

Tipp 1 – Sitzungsplan räumlich optimieren
Bei der Festlegung des Sitzungsplans solltest Du inhaltlich verwandte Sitzungen einem identischen Raum zuordnen. Somit können die Teilnehmer gleich vor Ort bleiben, wenn ihnen ein bestimmtes Themenfeld zusagt. Beispielsweise könntest Du Consulting Sitzungen ‚Besser in Experteninterviews', ‚Die Optimale Meeting-Organisation' und ‚Perfekte Telefonkonferenzen' alle im gleichen Raum zum Thema ‚Projektarbeit mit dem Kunden' stattfinden lassen.

Tipp 2 – Sitzungsplan thematisch optimieren
Ein zweiter Schritt den Sitzungsplan zu optimieren ist die zeitliche Abfolge. Zum Start sollten allgemeine Grundlagenthemen besprochen werden, später schließen sich dann Diskussionen zu Detailfragen an. Auf diese Weise stellst Du sicher, dass zunächst ein gemeinsames Verständnis besteht, bevor ihr Euch den Spezifika widmet.

Tipp 3 – Immer mit Pause
Nur weil die Struktur zum Zeitpunkt der Einladung noch nicht feststeht, heißt das nicht, das Barcamps nicht anstrengend sind. Wo sachlich intensiv diskutiert wird, sind regelmäßige Pausen unabdingbar. Neben dem Aufladen des Akkus nutzen Du und die Teilnehmer diese Unterbrechungen zum Netzwerken und zur Vertiefung eines Sitzungsthemas.

Tipp 4 – Expertenstatus untermauern
Einen besonders ausgefuchsten Trick habe ich einmal auf einem Barcamp zum Systems Engineering erlebt. Zu Beginn der Sitzung bat der Moderator die Teilnehmer, zu erklären wie sie eine typische Fragestellung lösen. Anschließend präsentierte er auf 2-3 drei Folien sein (vorbereitetes) Vorgehen. Und untermauerte ganz implizit seinen Status als Experten.

Zusammenfassung

Das Barcamps ist ein prima Consulting Tool, um mit wenig Vorbereitungsaufwand einen inspirierenden Event voller Ideen, Erfahrungen und Meinungen auf die Beine zu stellen. Gerade die Offenheit der Agenda bis zu ersten Konferenzstunde sorgt für Flexibilität im Kopf und einem positiven Gefühl der Neugier.

Das Brainstorming – die Ideenmaschine zum Laufen bringen

Brainstorming? Kenne ich. Funktioniert bei uns in der Abteilung aber nicht! Als Unternehmensberater bekomme ich solche Sätze regelmäßig beim Kunden zu hören. Als Reaktion schlage ich eine kleine Testrunde anhand eines festen Vorgehens mit klaren Regeln vor. Meist generieren wir während dieser Einheit viele brauchbare Gedanken die auch später noch im Projekt nützlich sind. Die Folge: der Kunde ist überzeugt und zufrieden.

Zweck

Dem US-amerikanischen Autor und Werbefachmann Alex F. Osborn wird nachgesagt, die Brainstorming Methode ursprünglich erfunden zu haben. Das war im Jahr 1939. Charles Hutchison Clark griff die Technik später auf, verpasste ihr ihren heuten noch gebräuchlichen Namen und hielt sie in seinem 1958 publizierten Standardwerk fest.

Soviel zur Geschichte. Damals wie heute dient Brainstorming dazu, möglichst viele (und teilweise auch ausgefallene) Antworten auf Fragestellungen zu finden. Diese Ideen können dann in späteren Arbeitsphasen aufgegriffen werden. Darüber hinaus lässt sich die Methode auch zum Zwecke kreativer Auflockerung heranziehen ohne dass dabei ein dauerhaftes Ergebnis entstehen muss.

Aufbau

Ursprünglich kommt der Begriff ‚Brainstorming' von „using the brain to storm a problem". Im Deutschen kann diese Wortgruppe mit „das Gehirn zum Sturm auf ein Problem einsetzen" übersetzt werden. Als Faustregel nehmen im Optimalfall zwischen 5 bis 7 Personen an einer Brainstorming Runde teil. Eine Sitzung sollte 30 Minuten nicht übersteigen. Meist qualmen sowieso bereits nach einer Viertelstunde die Köpfe und es fällt schwer eine neue Idee zu generieren.

Falls möglich gilt es die während einer Session entstehenden Ideen zu visualisieren. Dazu kannst Du ein Flipchart, Whiteboard, Pinnwände oder auch Post-Its einsetzen. Der Vorteil: neue zu Papier gebrachte Ideen können auf bereits genannten und visualisierten Ideen aufbauen bzw. mit diesen kombiniert werden.

Brainstorming eignet sich für solche Fragestellungen, die auf rein verbaler Ebene diskutiert werden können und keine Visualisierungen, Modelle oder Diagramme benötigen. Beispielsweise ist das beim Abstecken eines Beratungsprojektes interessant oder dem Andiskutieren von Lösungsansätzen der Fall. Auch Namens- und Zielefindung lässt sich gut mit einem Brainstorming bewerkstelligen.

Anwendung

Eine klassische Brainstorming-Runde untergliedert sich in vier Phasen. Bist Du der Moderator solltest Du folgende Aufgaben in Angriff nehmen:

1. Sitzung vorbereiten
Informiere die Brainstorming Teilnehmer im Vorfeld über das zu diskutierende Thema. Achte darauf, dass dieses klar und eindeutig formuliert ist und von jedem Anwesenden identisch interpretiert wird. Gebe den Gruppenmitgliedern ebenfalls den genauen Ablauf, die Regeln sowie die Rahmenbedingungen mit.

Als Moderator musst Du nicht unbedingt der Protokollant sein. Alternativ ernennst Du eine andere Person als Schreiberling bzw. bittest die Teilnehmer ihre Antworten auf Karten zu fixieren. Da die Zeit während einer Brainstorming Einheit meist im Flug vergeht, solltest Du ebenfalls einen Zeitnehmer festlegen.

2. Ideen finden
Jetzt heißt es der Kreativität freien Lauf zu lassen. Bitte die Teilnehmer ihre spontanen Ideen zu einer Fragestellung zu notieren. Alle Antworten heftest Du gut sichtbar an. Das erleichtert die Weiterentwicklung und Kombination zu neuen Ideen. Bewertungen, Kritik und Beurteilungen gehören nicht in diese Phase. Erinnere die Teilnehmer daran, falls diese Kommentare zu getroffenen Aussagen machen. Achte darauf, dass sich die Teilnehmer nicht vorschnell in ein Einzelthema verrennen. Lenke das Thema mit vorbereitenden Fragen in eine Gegenrichtung.

Meist verlangsamt sich die Ausbringungsrate von neuen Ideen nach rund 15 Minuten erheblich. Revitalisiere die kollektive Denkmaschine indem Du vorbereitete Fragen stellst. Gehe auch auf die leisen und zurückhaltenden Personen ein. In jedem Fall geht Quantität vor Qualität.

3. Ideen bewerten
Bevor es in die letzte Phase geht, legen Du und die Teilnehmer am besten eine kurze Pause ein. Anschließend trennt ihr die Spreu vom Weizen. Dazu liest Du als Moderator alle Ideen vor. Gemeinsam sortiert und bewertet diese. Häufig werden Ideen mehrmals unter verschiedenen Namen geäußert und können konsolidiert werden. Wichtig ist hier, dass Du die Zeit nicht aus dem Blick verlierst. Zu schnell beißt man sich an einer Idee fest.

4. Folgeschritte planen
Konkrete Erkenntnisse? Nächste Folgeaktivitäten? Verteilte Aufgaben? Fehlanzeige! Was nützen die tollsten Ideen, wenn danach nichts passiert? Fixiere daher am Ende der Brainstorming Session die Beschlüsse und Folgetätigkeiten, gerne mit Hilfe einer <u>Aufgabenliste</u>.

Vor- & Nachteile

Brainstorming lebt von der kreativen Energie einer Gruppe. Die Teilnehmer regen sich gegenseitig an, rigide und festgefahrene Situationen werden durchbrochen. Bereits einigen Minuten reichen aus, um frische Impulse und Denkangebote zu erzeugen. Diese helfen die Fragestellung aus einem anderen Blickwinkel zu beleuchten.

Nach einigen Sitzungen bei unterschiedlichen Kunden wirst Du sicherlich feststellen, dass die Brainstorming Ergebnisse sehr stark von den Teilnehmern abhängen. Gerade bei politisch diffizilen Organisationen oder bei einem großen Hierarchiegefälle sorgen gruppendynamische Effekte dafür, dass die kreative Ausbeute leider sehr mager ausfällt. Als Berater solltest Du hier mit sehr kleinen Gruppen zusammenarbeiten, mit diesen Mini-Sitzungen absolvieren.

Praxistipps

Tipp 1 – Loslassen können
Sei bereit, während der Bewertungsphase von Deiner (initial großartigen) Idee Abstand zu nehmen. Speziell falls die Teilnehmer stichhaltige Argumente vorbringen können.

Tipp 2 – Feste Zielgröße
Konntest Du bereits Erfahrungen mit einem spezifischen Brainstorming Thema sammeln und weißt somit wie umfangreich der Pool von Ideen etwa ausfallen wird, solltest Du für eine neue Runde eine feste Zielgröße für die Gruppenmitglieder ausrufen. Diese haben dann ein motivierendes festes Ziel vor Augen nachdem sie sich ausrichten können. Auch falls die Ideen dann nicht so großartig waren, war die Gruppe wenigstens in der Disziplin Quantität erfolgreich.

Tipp 3 – Vorbereitet und unvoreingenommen
Vorbereitung zahlt sich aus – auch beim Brainstorming. Begehe jedoch nicht den Fehler, vor Sitzungsbeginn bereits die richtige Antwort bzw. Lösung zu kennen. Offenheit und die Bereitschaft Dinge einmal ganz anders zu betrachten sind der Schlüssel zu innovativen Ideen.

Tipp 4 – Kurz und knapp
Wie sabotiert man eine Brainstorming-Sitzung? Ganz einfach. Indem diese einfach zu lange andauert. In Brainstormings mit Überlänge beginnen die Teilnehmer die Ideen zu zerreden. Der Zauber des genialen Einfalls verliert sich in Wortgeschwafel. Als Moderator legst Du die Treffen kurz und konzentriert aus.

Tipp 5 – Brainstorming Paradox

Häufig verstellen Vielschichtigkeit und Betriebsblindheit den Blick auf gute Ideen. Formuliere einen Sachverhalt daher einmal um. Also statt „Wie können wir unsere Sichtbarkeit für das Beratungsthema XY bei süddeutschen Maschinenbauern erweitern?" diskutieren Du und Deine Kollegen das Gegenteil. Dieses sogenannte Brainstorming Paradox fördert eine alternative Herangehensweise und sorgt für ganz neue Perspektiven. Gerade wenn die Lösungsfindung ins Stocken gerät, sorgt die Verkehrung des Themas für frischen Wind in den Diskussionen.

Lesetipp

Andrea Windolph und Alexander Blumenau befassen sich in ihrem Buch ‚Brainstorming: Alles, was du für ein perfektes Brainstorming wissen musst' in 42 Fragen mit dem Thema Brainstorming. Auf 120 Seiten findest Du hier fast alles zur bekannten Kreativitätsmethode.

Zusammenfassung

Ob ad-hoc mit dem Beraterkollegen oder organisiert mit den Kundenmitarbeitern: ein Brainstorming sorgt für frischen Wind im Gedankengebäude. Als erfolgreicher Berater kennst Du den grundlegenden Aufbau und das Vorgehen einer Brainstorming Runde. Sowohl in der Rolle des Teilnehmers als auch in der eines Moderators.

Das Ishikawa-Diagramm – die Problemursachen visualisieren

Ishikawa? Wie wird das denn ausgesprochen? Exakt diese Frage stellte ich mir als ein Beraterkollege den Begriff in den Raum warf. Unsere Situation: die Daten eines abzulösenden IT-Systems wurden nicht korrekt exportiert. Wir konnten uns aber beide nicht erklären aus welchem Grund. Unser Problem stand fest. Mein Kollege war bereits einen Schritt weiter indem er Vorschlug die Ursachen aufzuspüren. Und eben dafür ein Ishikawa-Diagramm – auch genannt Fischgrätendiagramm – einzusetzen. Ziemlich bald verdichteten sich die Gründe.

Zweck

Ein Ishikawa-Diagramm nutzt Du zur Identifikation von Ursachen für ein spezifisches Problem. Das Diagramm trägt den Namen seines Schöpfers Ishikawa Kaoru – ein japanischer Chemiker der in den 1940er und 50er ein ganzes Arsenal von Qualitätswerkzeugen konzipierte.

Mit einem Ishikawa-Diagramm visualisierst Du systematisch und übersichtlich die Kausalbeziehungen zwischen verschiedenen Ursachen (engl. Causes) und einer Wirkung (dem Problem, engl. Effect). Das Werkzeug lässt sich nicht nur für das Identifizieren von Gründen für ein Problem nutzen. Mit seiner eingängigen und rasch verständlichen Struktur unterstützt es Dich und Deine Kollegen auch bei <u>Brainstorming</u> zu definierten Themenstellungen.

Aufbau

Oft wird ein Ishikawa-Diagramm als ein Fisch mit sechs Hauptgräten dargestellt. Vor diesem Hintergrund bezeichnen viele die Visualisierungsform auch gern als „Fischgrätendiagramm". Im Einzelnen besteht das Diagramm aus drei Bestandteilen:

1. Der **Kopf** trägt das zu analysierende **Problem**, die Schwachstelle oder Anomalie. Formuliere hier so präzise und spezifisch wie möglich. Der Kopf wird von den einzelnen Gräten bestimmt, ist damit das Resultat der Gräten.
2. Die mit dem Kopf verbundenen **Hauptgräten** repräsentieren die möglichen **Ursachenkategorien** für das Problem. Als kleine Hilfe schlägt Ishikawa die sechs Kategorien ‚Mensch', ‚Maschine', ‚Mitwelt', ‚Material', ‚Methode' und ‚Messung' vor. Weitere verbreitete Ursachentypen sind ‚Management' und ‚Money'. Bitte beachte, dass es sich hier nur um eine Anregung handelt. Wähle zusätzliche bzw. alternative Kategorien, die nicht zwangsläufig mit dem Buchstaben ‚M' beginnen müssen.

3. In Form von **Verzweigungen** hängen an den Hauptgräten die spezifischen **Problemursachen**. Definiere diese so konkret wie möglich. Ursachen können sich auch weiter in Unterursachen verzweigen, diese in Unterunterursachen, etc..

Anwendung

Ein Ishikawa-Diagramm entwickelst Du am besten im Team. Mittels Brainstorming, der 6-Hüte-Methode oder SCAMPER kommt ihr gemeinsam rasch zu den verschiedenen Ursachen.

1. Ishikawa-Diagramm vorbereiten
Notiere das Diagramm auf einem Whiteboard, Flipchart oder Brownpaper. Ergänze im Kopf das Problem und wähle anschließend Ursachenkategorien, die zum Problem passen. Als Anzahl hat sich für mich ein Wert zwischen mindestens 4 und maximal 8 Kategorien als optimal herausgestellt.

2. Problemursachen sammeln
Identifiziert im Team potentielle Ursachen. Notierst diese auf selbstklebende Karten, die ihr im Nachhinein auch verschieben könnt. Haltet Euch beim Sammeln an die Brainstorming Regeln. Zuerst zählt die Quantität, erst im Anschluss wird bewertet. Stelle offene Fragen und motiviere damit Deine Kollegen weniger offensichtliche Ursachen ans Tageslicht zu fördern.

3. Ergebnis prüfen
Überprüft anschließend, ob ihr den Großteil der Ursachen finden konntet bzw. diese auch korrekt verzweigt wurden. Stelle hier erneut Fragen, um letztlich die Grundursache (engl. Root Cause) aufzudecken. Nützlich dabei ist die mehrfache Frage nach dem ‚Warum', oft auch 5-Why-Methode genannt.

4. Hauptursachen auswählen und bewerten
Nun ist es an der Zeit, die Hauptursachen für ein Problem herauszufinden. Falls ihr sehr viele Gründe gefunden habt und die Meinungen auseinandergehen, kannst Du die Teilnehmer auch abstimmen lassen. Ich lasse hier oft kleine orangene Punkte kleben. Jeder Teilnehmer darf die ihm zugeteilten drei Punkte auf die seiner Meinung nach wichtigsten Ursachen verteilen. Wir bewerten dann diejenigen Ursachen, die die meisten Punkte abbekommen haben.

5. Maßnahmen beschließen
Im finalen Schritt entscheidet ihr gemeinsam Maßnahmen um die identifizierten Hauptursachen abzustellen. Je nach Problem können das kleine Aufgaben oder auch ganze Projekte werden. Nutze eine Aufgabenliste um zu fixieren, welche Person bis wann eine Tätigkeit zu erledigen hat. Typischer Fehler in der gelebten Praxis ist das Überspringen dieses Schrittes. Was nützt eine

tiefgründige Ursachenanalyse, wenn im Nachgang dann nichts unternommen wird?

In unterer Abbildung habe ich beispielhaft ein Ishikawa-Diagramm für einen fehlerhaften Datenexport aus einem abzulösenden IT-System illustriert. Die Liste von Ursachen ist weit davon entfernt vollständig zu sein. Aber es ist ein Anfang auf dessen Grundlage Analysemaßnahmen am Quellesystem, Exportlogik, Quelldaten, etc. eingeleitet werden können.

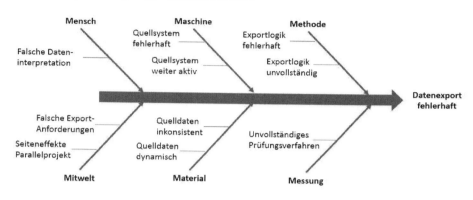

Ishikawa-Diagramm für einen fehlerhaften Datenexport

Vor- & Nachteile

Der Vorteil des Fischgrätendiagramms ist die ganzheitliche Problembetrachtung. Statt sich auf ausschließlich eine Ursachenkategorie zu beschränken, betrachtest Du und Deine Teamkollegen eine Fragestellung aus mehreren Perspektiven. Großes Plus aus meiner Erfahrung ist die einfache Erlernbarkeit. In 5 Minuten hast Du die Methode Kunden, Partnern und Juniorberatern erklärt. Und schon nach 15 Minuten habt ihr im Team eine erste übersichtliche und nachvollziehbare Darstellung der Ursachen-Wirkungszusammenhänge erarbeitet.

Natürlich hat das Ishikawa-Diagramm auch Schwächen. Speziell bei komplexen und vielschichtigen Problemen mit einer riesigen Menge an Ursachen, Unterursachen und Wechselbeziehungen wird die Fischgräten-Visualisierung schnell unübersichtlich. Ebenso lassen sich keine Kategorie-übergreifenden Zusammenhänge zwischen Ursachen darstellen. Bei zeitlichen Abhängigkeiten muss dieser Darstellungstyp gleichsam passen.

Praxistipps

Tipp 1 – Vielfältig einsetzen
Das Ishikawa-Diagramm unterstützt Dich nicht nur beim Finden von Problemursachen. Auch beim Brainstormen von Ideen, Diskussion von Zielen und Strukturierung von Prozessen hilft Dir der Visualisierungstyp. Notiere beispielsweise im Kopf ein (SMARTes) Ziel und finde Wege (Gräten) dieses zu erreichen.

Tipp 2 – Bedarfsorientiert abspalten
Falls Du bereits zu Beginn der Arbeiten absehen kannst, dass für eine Ursachenkategorie sehr viele Ursachen zusammenkommen, visualisierst Du diesen Zweig besser in einem separaten Diagramm mit geeigneten Kategorien.

Tipp 3 – Gründlich vorbereiten
Bereite Dich gut für Deine Rolle als Moderator und Zeitnehmer vor. Überlege Dir dazu problemrelevante Fragen, wähle passende Kategorien und kommuniziere Deinen Kollegen, dass für eine gründliche Bearbeitung mindestens 60 Minuten erforderlich sind.

Tipp 4 – Ergebnisse sichern
Versehe am Ende das Ishikawa-Diagramm mit einer zusätzlichen Karte mit dem Datum sowie den Teilnehmer und halte das Ergebnis als Fotoprotokoll fest. Versende die resultierende Aufgabenliste zusammen mit der Aufnahme als Gesamtergebnis Eurer Investition in die Lösungsfindung für ein Problem.

Tipp 5 – Software einsetzen
Hast Du und Dein Team keinen Meeting-Raum zur Verfügung, könnt ihr das Ishikawa-Diagramm alternativ am Laptop modellieren. Nutze dazu Microsoft PowerPoint, Visio oder eine Mindmap-Software.

Lesetipp
Roland Schnur geht auf seiner Webseite www.sixsigmablackbelt.de ausführlich auf die Anwendung des Ishikawa-Diagramms ein. Ebenfalls stellt er passende Software vor und liefert Tipps bei der Befüllung der Hauptgräten.

Zusammenfassung

Das Ishikawa- bzw. Fischgrätendiagramm ist eine gängige Form um die zentralen Ursachen zu einem vorgegebenen Problem zu identifizieren. Gerade bei komplizierten Fragestellungen lohnt es sich im Team systematisch die Wirkungszusammenhänge aufzudecken.

Falls ein Kunde Kreativmethoden wie dem Ishikawa-Diagramm ablehnend gegenübersteht, bringe ich die Visualisierung implizit zur Anwendung. Schnell ist die Grätenstruktur am Whiteboard schematisch skizziert und im Gespräch diskutiert. Die meisten Kunden sind im Nachgang dankbar über das klare Ergebnis an ihrer Zimmerwand.

Die SCAMPER Methode – das bessere Rad erfinden

Seien wir ehrlich: in Beratungsprojekten startest Du nur selten auf der grünen Wiese. Oft entwickelst Du weiter. Das heißt: im Kundenunternehmen existiert bereits ein Produkt, eine Dienstleistung, ein Geschäftsmodell, ein System, etc. – kurzum eine Lösung. Deine Aufgabe besteht darin, diese weiterzuentwickeln, zu verfeinern, auf den einen aktuellen Stand zu bringen. Eine nützliche Kreativmethode dafür ist SCAMPER.

Zweck

SCAMPER? Englisch für herumtollen, flitzen, huschen? Oder eine begriffliche Abkürzung? Mit der zweiten Antwort liegst Du an dieser Stelle richtig! Das aus sieben Lettern bestehende Kunstwort SCAMPER ist ein englischsprachiges Akronym. Eine Abkürzung, die das Ziel hat, leicht gemerkt zu werden.

Jeder der sieben Buchstabe steht für ein Prinzip, mit dessen Hilfe Du allein bzw. im Team strukturiert die Bestandteile einer bestehenden Lösung überdenkst. Der von SCAMPER aufgespannte Rahmen hilft Dir, einen existierenden Ansatz, Ware, Service, etc. mit frischem Blick strukturiert zu betrachten. Du entwickelst innovative Ideen, das Existierende mit alternativen Aspekten anzureichern, zu variieren bzw. sogar abzuspecken. Die Folge: Neues und Ungewöhnliches entsteht.

Übrigens gehen die sieben SCAMPER Prinzipien auf den US-Werbefachmann Alex F. Osborne und der gleichnamigen Checkliste aus seinem Buch ‚Applied Imagination: Principles and Procedures of Creative Problem Solving' zurück. Osborne war ebenfalls der Urvater der Brainstorming Methodik. Genau 20 Jahre später – 1973 – überführte Bob Eberle die Prinzipien in eine spielerische Innovationstechnik die er SCAMPER taufte und wiederum in seinem Buch SCAMPER: Games for Imagination Development publizierte.

Aufbau

Die Buchstaben des Wortes SCAMPER stehen für sieben verschiedene Prinzipien mit denen Du eine Lösung analysierst. Nachfolgend die Prinzipien, exemplarisch angewendet auf ein Produkt, eine Dienstleistung und einen Ansatz.

Prinzip 1: Substitute (dt. Substituieren)
Beim ersten Prinzip steht das Ersetzen von Komponenten, Personen, Bestandteilen, etc. im Zentrum. Typische Fragen:

- Wie kann ein Element des Ansatzes durch ein anderes ersetzt werden?

- Kann der Service möglicherweise an anderer Stelle Nutzen stiften?
- Welche anderen Produkte könnte die Kunden stattdessen kaufen?

Prinzip 2: Combine (dt. Kombinieren)
Das zweite Prinzip steht im Zeichen der Zusammenführung. Es geht um das Kombinieren mit Funktionen und Bestandteilen anderer Produkte, Dienstleistungen und Lösungen. Erneut einige Fragen zur Ideengenerierung:

- Durch welche zusätzlichen Elemente lässt sich der Ansatz sinnvoll anreichern?
- Welche Zusatzservices wären hilfreich, um den Mehrwert zu erhöhen?
- Was geschieht, wenn das Produkt mit anderen Funktionen integriert wird?

Prinzip 3: Adapt (dt. Adaptieren)
Prinzip 3 fokussiert auf das Verändern von Komponenten, Personen, Bestandteilen, etc.. Auch hier beispielhaft einige Fragen:

- Welche anderen Ansätze gibt es, an der sich der Ansatz orientieren kann?
- Welche Eigenschaften des Services sollten ausgebaut werden, um diesen einer größeren Zielgruppe verfügbar zu machen?
- Wie könnte das Produkt geändert werden, damit es zusätzlichen Einsatzzwecken dient?

Prinzip 4: Magnify (dt. Vergrößern)
Einige Personen sprechen bei diesem Prinzip auch von ‚Modify (Modifizieren) ohne genau gegen das vorangehende Prinzip ‚Adapt' abzugrenzen. Im Kern steht das Verändern von Größe, Skala oder Maßstab und zwar in beide Richtungen – sowohl verkleinern als auch vergrößern. Typische Fragen:

- Worauf sollte sich bei dem Ansatz am meisten konzentriert werden, um das Optimum herauszuholen?
- Welche Service-Merkmale (Geschwindigkeit, Preis, Güte, etc.) sollten reduziert werden, da Kunden diesen nicht wahrnehmen?
- Welche Produktelemente (Farbe, Haptik, Akustik, etc.) sollte verstärkt werden, da diese von den Kunden besonders geschätzt werden?

Prinzip 5: Put to other use (dt. Umwidmen)
Im fünften Prinzip überprüfst Du verschiedene Anwendungsbereiche, Nutzergruppen und Verwendungen der Lösung. Du zoomst bewusst raus, setzt die Lösung in einen alternativen Kontext. Hilfreiche Fragen dafür:

- Wie würde sich der Ansatz in einer anderen Umgebung darstellen?

- Könnte die Dienstleistung vielleicht noch anderen Nutzern zugeführt werden?
- Gibt es ‚Abfallprodukte', die anderweitig eingesetzt werden könnten?

Prinzip 6: Eliminate (dt. Eliminieren)
Viel ist nicht immer gut. Aus diesem Grund geht es im sechsten Prinzip um das Entfernen von Komponenten, Funktionen und Personen. Du vereinfachst, reduzierst auf das Wesentliche. Unterstützend unter anderem die Fragen:

- Was würde passieren, wenn Elemente des Ansatzes nicht zum Tragen kommen?
- Wie könnte der Service zugänglicher und verständlicher gestaltet werden?
- Wie kann die Benutzung des Produktes vereinfacht werden?

Prinzip 7: Rearrange (dt. Umordnen)
Schließlich geht es im letzten Prinzip um das Umsortieren, auf-den-Kopf-stellen und Umkehren von Bestandteilen, Nutzen und Funktionsweisen.

- Kann der Ansatz in eine sinnvolle alternative Reihenfolge gebracht werden?
- Was passiert, wenn die Schritte der Dienstleistung entgegengesetzt ausgeführt werden?
- Wie lässt sich das Produkt umdrehen, von innen nach außen transformieren oder umstülpen?

Anwendung

1. Ziel präzisieren
Definiere zu Beginn für das Produkt, den Service oder den Ansatz das Ziel der Sitzung. Das kann beispielsweise die Verbesserung einer Prozessabfolge, Optimierung eines Service-Modells oder Beschleunigung eines Berechnungsalgorithmus sein. Stelle sicher, dass Du und jeder der Teilnehmer das gleiche Verständnis zur aktuellen Lösung und dem Ziel besitzen.

2. Fragen entwickeln
Entwickle nun für jedes der sieben SCAMPER Prinzipien systematisch mindestens drei Fragen. Diese beleuchten die Lösung kritisch, fordern sie heraus bzw. hinterfragen das Bestehende.

3. Fragen diskutieren
Diskutiert anschließend Eure Fragen. Notiert resultierende Veränderungen, obsolete Aspekte und neue Elemente an der Lösung.

4. Ergebnisse nachbearbeiten

Eine bloße Sammlung von Fragen und Impulsen bringen Dich nicht weiter. Eine Nachbereitung der SCAMPER Sitzung ist daher unerlässlich. Erfasse allein oder im Team die Verbesserungsideen zur Lösung, gruppiere und priorisiere sie, definiere Aufgaben und verfolge diese nach.

Prinzip	Leitfragen (Beispiele)	Ideen
Substitute (substituieren)	Wodurch können unsere aktuellen Vertriebskanäle ersetzt werden?	Verkauf über eigenen Online-Shop, statt über Zwischenhändler.
Combine (kombinieren)	Welche Produkte können noch über Vertriebsprozesse verkauft werden?	Kooperation mit lokalen Händlern zwecks Vertrieb Drittware und -dienstleistungen.
Adapt (adaptieren)	In welchen Aspekten können wir uns an den Prozessen der Konkurrenz orientieren?	Verschenkaktion mit einem guten Zweck, um das Firmen-Image aufzupolieren.
Magnify (vergrößern)	Worauf sollten wir uns bei den Vertriebsprozessen konzentrieren, sodass ihr Nutzen maximiert wird?	Mehr Fokus auf Kontakte zu Online Influencern sowie weniger Sponsoring von Veranstaltungen.
Put to other use (umwidmen)	Wie können unsere Vertriebsprozesse noch genutzt werden?	Nutzung der bestehenden Vertriebsprozesse als interne Schulungsmaßnahme.
Eliminate (eliminieren)	Wie können unsere Vertriebsprozesse gestrafft werden?	Check-out des Online-Shops für Endkunden vereinfachen.
Rearrange (umordnen)	Wie können wir die Vertriebsprozesse sinnstiftend umkehren?	Angebot mittels Marketing so attraktiv machen, dass Kunden von sich aus anfragen („Market-Pull").

Dr. Christopher Schulz | Consulting-Life.de

SCAMPER in Aktion „Vertriebsprozesse neu denken"

Die obere Abbildung illustriert ein Beispiel für SCAMPER. Ich nutze die Methode gerne bei der Weiterentwicklung von Geschäftsmodellen auf Basis des Business Model Canvas.

Vor- & Nachteile

Der Vorteil von SCAMPER ist die Struktur, welche die sieben Prinzipien Deinem Denken verleihen. Kreativitäts-Sitzungen und Innovations-Workshops erhalten auf Basis der leicht verständlichen und direkt umsetzbaren Methode eine klare Orientierung. Gerade in Situationen in denen es darum geht, angestammte (und teilweise angestaubte) Lösungen systematisch auf den Prüfstand zu stellen, ist SCAMPER dem klassischen Brainstorming überlegen.

Hauptnachteil ist die Anwendbarkeit. Ist die Lösung zu eng gefasst, kannst Du nicht immer alle sieben Prinzipien von SCAMPER zum Einsatz bringen.

Praxistipps

Tipp 1 – Solo oder Teamarbeit

SCAMPERn kannst Du Solo oder im Team. Ich empfehle eine Teamgröße von maximal sieben Personen. So kann sich jeder Teilnehmer genau einem Prinzip annehmen. Bei zu großen Gruppen kann die Durchführung und Auswertung schnell unübersichtlich werden.

Tipp 2 – Besser moderiert
Das Betrachten einer bestehenden Lösung mit SCAMPER erfordert Ausdauer, Disziplin und Konzentration. Moderiere die Sitzung und sorge für die nötige Energie. Stelle damit gleichsam sicher, dass sich die Gruppe nicht in unnötige und zeitraubenden Diskussionen verzettelt. Notiere pfiffige Fragen aus vergangenen SCAMPER Sitzungen in eine Checkliste und stelle diese dem Team zur Verfügung.

Tipp 3 – Volumen statt Qualität
Wie beim Brainstorming gilt: Versuche nicht die Fragen zu bewerten. Denke frei und schränkt die Gedanken nicht unnötig ein. Die besten Optimierungen einer Lösung kommen oft von Ideen, die auf den ersten Blick abwegig klingen.

Tipp 4 – Iterativ auf Speed
Beiße Dich nicht an einer Frage fest und vernachlässige die restlichen Prinzipien. Gehe im ersten Rutsch durch alle sieben SCAMPER Prinzipen und erarbeite so viele Fragen wie möglich. Anschließend beantwortest Du diese. In einem zweiten Durchgang entwickelst Du einen neuen Stapel von Fragen die Du wieder beantwortest. Starte bei Bedarf zu einer dritten und vierten Iteration.

Tipp 5 – Diversität gewinnt
Innovative Ansätze basieren häufig auf Impulsen aus anderen Fachgebieten. Lade zu Deiner SCAMPER Sitzung offene Kollegen aus anderen Unternehmensbereichen ein. Welche Ideen hat der kundenorientierte Vertriebler? Der technisch-versierte Ingenieur? Der jüngst eingestellte Werkstudent? Je breiter das Wissen der Teilnehmer gefächert ist, desto besser.

Zusammenfassung

SCAMPER ist eine wunderbare Kreativmethode, um anhand strukturierter Prinzipien eine bestehende Lösung zu verbessern. Gemäß dem Motto „Alles Neue ist stets eine Variation von bereits Existierendem" betrachtest Du ein etabliertes Produkt, Vorgehen und Ansatz aus einem anderen Blickwinkel. Gerade in Innovations-Meetings in denen die Ideenfindung ins Stocken gerät, verhilft das Consulting Tool Dir und den Teilnehmern zurück auf die Ideenspur.

6. Informationserhebung & Ergebnissicherung

Die Aufgabenliste – die ToDos im Projekt klar fixieren

Aufgabenliste?! – was soll denn daran so besonderes sein? Eine schlichte Übersicht wer bis wann welchen Job zu erledigen hat. Soweit die Theorie. In meiner Beraterpraxis habe ich Aufgabenlisten gesehen, die mit 20 und mehr Spalten pro Aufgabe schlichtweg gruselig waren. Kompliziert bei der Handhabung und unklar bei der Nachverfolgung offener Punkte. Daher möchte ich Dir meine simple aber nicht weniger effektive Aufgabenliste vorstellen, mit der ich in Beratungsprojekten erfolgreich unterwegs bin.

Zweck

Sowohl bei lokal verteilten als auch größeren Projekten ist es sinnvoll, vom Start weg eine Aufgabenliste zu erstellen und diese kontinuierlich zu pflegen. Das klassische Projektmanagementwerkzeug zeigt den Teilnehmern, wer bis wann welche Aufgabe zu erledigten hat. Häufig in der Praxis anzutreffende Synonyme sind ‚Liste offener Punkte', ‚Offene Punkte Liste' oder ‚to-Do Liste', im Projektdeutsch gern als LoP, OPL oder ToDo Liste abgekürzt.

In meinem Beraterleben habe ich schon die seltsamsten Aufgabenlisten gesehen. Komplexe Vertreter besaßen mehr als 20 Spalten. Bei anderen wusste keiner der Projektmitarbeiter mehr wirklich, welches konkrete Ergebnis für eine bestimmte Aufgabe von dem Verantwortlichen erwartet wurde. Die Arbeit mit solchen Listen war dann eine Wissenschaft. Viel Zeit und Gehirnschmalz floss in die Interpretation und Aktualisierung. Zeit, die uns für die Erledigung der Projektaufgaben fehlte. Wie ein Damocles Schwert hing die Aufgabenliste dann über unserem Projekt, jede Woche wurde sie länger, komplizierter und undurchsichtiger.

Dabei ist die Aufgabenliste ein sehr nützliches Werkzeug. Vorausgesetzt Aufbau und Handhabung sind (und vor allem bleiben) einfach und leichtgewichtig.

Aufbau

Eine einfache aber durchaus effektive Aufgabenliste besteht aus maximal sechs Spalten.

Eine aufsteigende **Nummer** versieht eine Aufgabe mit einem eindeutigen Bezeichner. Dieser ermöglicht Dir die Herstellung von Querverweisen zwischen Aufgaben und gibt einen Überblick über Aufgabenmenge und -alter (je älter eine Aufgabe, desto geringer ihre Nummer).

Oft ist eine **Kategorie** für die Aufgaben sinnvoll. Sie ordnet die Aufgabe in eine bestimmte Schublade ein, zum Beispiel Themengebiet, Teilprojekt oder Zielgruppe. Kategorien sollten selbsterklärend sein, beispielsweise durch Verwendung der im Projekt bereits bekannten Begriffe.

Die Spalte **Verantwortlicher** nennt Ross und Reiter. Daher: welche einzelne verantwortliche Person schuldet die Erledigung der Aufgabe bis zur festgesetzten Frist. Es ist zu empfehlen, dass Du neben dem Familiennamen auch den Vornamen einträgst. Das beugt Namensverwechselung vor und schafft eine höhere Verbindlichkeit. Beachte, dass ein Verantwortlicher immer einer Aufgabe zustimmen muss, sein ‚Pfadfinderehrenwort' bzgl. der Erledigung abgibt.

Die **Beschreibung** ist die vielleicht wichtigste Eigenschaft einer Aufgabe. Messbar und spezifisch enthält die Spalte eine klare Definition des erwarteten und abgestimmten Ergebnisses. Ergebnis und nicht Aktivität! Gerne kannst Du hier fachlichen und technischen Hintergrund in erklärenden Zeilen ergänzen. Gerade bei neuen bzw. umfangreichen Aufgaben lohnt ebenfalls das Notieren der erforderlichen Ressourcen und antizipierten Risiken. Positiver Nebeneffekt: neben einem präziseren Verständnis spürst Du ggf. Folgeaufgaben zur Ressourcenbeschaffung oder Risikosenkung auf.

Eine **Terminfrist** setzt fest, bis zu welchem Datum der Verantwortliche die Aufgabe vollständig(!) zu erledigen hat. Es gilt das Ende eines Arbeitstages, bei globalen Projekten die Zeitzone des Verantwortlichen (auch solche Diskussionen gibt es gelegentlich). Nicht erlaubt sind Angaben wie ‚ständig' oder ‚ongoing'. Auch ‚zeitnah' oder ‚ASAP' (für Englisch ‚as soon as possible') sind falsch. Eine Aufgabe hat immer ein Ende. Über Fristen kann das Projekt priorisieren. Sind einem Verantwortlichen zwei Aufgaben zugewiesen, dann ist die Aufgabe mit der zeitlich nächsten Fälligkeit aus Projektsicht die Wichtigere.

Der **Status** beschreibt eindeutig den Zustand einer Aufgabe. Verwende „Offen", „Erledigt" und „Entfällt" als mögliche Ausprägungen. Bei den letzten beiden füge zusätzlich in Klammern das Datum hinzu, wann die Aufgabe in diesen Zustand überführt worden ist. Von Prozentangaben halte ich nicht viel. Den meisten Projektteilnehmern fällt es schwer abzuschätzen, wieviel Strecke bereits zurückgelegt wurde bzw. noch vor ihnen liegt.

#	Kategorie	Aufgabe	Termin	Verantwortlich	Status
1	Beiträge	Erstellung Beitrag "Aufgabenliste"	05.12.2015	Christopher Schulz	Offen
2	Technik	Installation Wordpress Blog	01.12.2015	Christopher Schulz	Erledigt
3					
4					

Consulting-Life.de | Autor: Christopher Schulz | Stand: 07.05.2016

Aufgabenliste für Consulting-Life.de

Obere Abbildung zeigt beispielhaft eine mögliche Aufgabenliste, erstellt mit Microsoft Excel. Über die Filterfunktionen lässt sich durch ein paar Klicks alle Aufgaben mit einer spezifischen Kategorie, Termin, Verantwortlichen und/oder Status selektieren.

Anwendung

1. Erstellen
Eine Aufgabenliste solltest Du unmittelbar ab Projektbeginn anlegen und den Ablageort an die beteiligten Kollegen kommunizieren. Von diesem Zeitpunkt an bildet die Liste die Grundlage der Regel- und Synchronisationstermine.

2. Aktualisieren
In den gemeinsamen Treffen nehmen die Verantwortlichen zu ihren Aufgaben Stellung und berichten kurz von den Ergebnissen und Erkenntnissen. Auf Basis der Aussagen werden dann die Aufgaben...

- präzisiert, daher mit Zwischenergebnisse und neuen Erkenntnissen angereichert,
- eliminiert, falls das angestrebte Ergebnis nicht mehr erforderlich ist sowie
- geschlossen, falls das Ziel erreicht und die Aufgabe damit erledigt ist.

Oft schließt sich im Projektalltag dem Abschluss einer Aufgabe das Erstellen neuer Aufgaben an. Diese bauen dann auf den Erkenntnissen und der Vorarbeit bisher geleisteter Resultate.

3. Kommunizieren
Projektkollegen und Kundenmitarbeiter sind oft über die Woche in mehrere Projekt- und Linienaufgaben eingebunden. Schnell fällt da eine Aufgabe unter den Tisch. Erinnere vor dem nächsten Treffen die Kollegen an ihre ToDos. Filtere in der Liste einfach auf den entsprechenden Namen und sende die Aufgaben per E-Mail.

Vor- & Nachteile

Die große Stärke von Aufgabenlisten liegt in ihrer raschen und einfachen Erstellung, gepaart mit einer unkomplizierten Pflege. Keine Aufgabe die ein Team näher zum Projektziel bringt wird übersehen. Alles liegt zentral an einem Ort vor. Jedem ist klar: wer macht was bis wann.

Leider neigen die Listen speziell bei großen Projekten schnell dazu, unübersichtlich zu werden. So zeigen Aufgabenlisten nicht, welche Themen wer aktiv vorantreibt oder wo ein Engpass entsteht. Auch sind Zusammenhänge zwischen den Aufgaben erst nach umständlicher Lektüre der Beschreibungstexte klar.

Praxistipps

Tipp 1 – Zentrale Ablage
Lege die Aufgabenliste zentral und für jeden einsehbar ab. Mit wenigen Mausklicks sollte sich jeder Projektteilnehmer in Erinnerung rufen können, was er/sie bis wann zu tun hat.

Tipp 2 – Präzise ToDos
Bei der Beschreibung solltest Du unspezifische Verben wie ‚Klären', ‚Abstimmen' oder ‚Untersuchen' vermeiden. Es geht um Ergebnisse nicht Tätigkeiten. Verständliche Texte erleichtern die Delegation der Aufgabe. Auch erinnern sich die Teilnehmer nach einer Arbeitswoche, um was es geht.

Tipp 3 – Nutzung von Filtern
Zur technischen Umsetzung der Liste eignet sich eine Tabellenkalkulation wie zum Beispiel Microsoft Excel. Speziell die Filterfunktion der Aufgaben – zum Beispiel nach Kategorie und Status – ist sehr mächtig.

Tipp 4 – Regelmäßige Inventuren
Unerledigte Aufgaben mit einer niedrigen Nummer sollten im Projekt hinterfragt werden. Warum ist die Aufgabe längere Zeit nicht vorangetrieben worden? Handelt es sich ggf. um einen Listenhüter der aussortiert werden kann? Zeige keine Scheu verwaiste Aufgaben zu eliminieren!

Tipp 5 – Nicht ohne Verantwortlichen
Als Verantwortlicher sollten nur Personen notiert werden, die beim Meeting anwesend sind und die Übernahme der Aufgabe bestätigen. Fehlt ein Projektteilnehmer, gehört die Aufgabe aber klar in seinen Arbeitsbereich, dann solltest Du diesen als Verantwortlicher notieren, die Frist jedoch offenlassen.

Tipp 6 – Nur Aufgaben vorbehalten
Ausgearbeitete Ergebnisse und gefällte (Entwurfs-)Entscheidungen gehören nicht in die Liste, sondern in die auszuarbeitenden Fachkonzepte. Die Liste ist ein Aufgabendokument und keine Sammlung von Zwischenresultaten. Erkenntnisse, welche eine Aufgabe präzisieren und/oder näher erklären, solltest Du jedoch im Beschreibungstext festhalten.

Lesetipp
Fast jedes Kundenunternehmen verwendet eine Vorlage oder ein IT-System für das Nachhalten von Aufgaben. Mache Dich zu Projektbeginn kundig und nutzte die bekannte Schablone.

Zusammenfassung

Literatur, Apps und Vorlagen für Aufgabenlisten existieren in Hülle und Fülle. Doch warum die Dokumentation, Abstimmung und Nachverfolgung von Aufgaben unnötig verkomplizieren? Meiner Erfahrung nach reicht eine einfach gestrickte Liste mit sechs Spalten – kontinuierliche Aktualisierung im Projekt natürlich vorausgesetzt.

Last but not least ist das Thema Aufgabenliste auch eine Kulturfrage. So habe ich Projekte erlebt, wo es keine Listen gab. Kommuniziert wurde ausschließlich per Zuruf oder E-Mail. Bei anderen Unternehmen wiederum existierte eine streng umhegte Gesamtliste, die in den Teilprojekten akribisch zu Einzellisten aufgegliedert wurde. Eine gesunde Nutzung liegt irgendwo dazwischen.

Das Besprechungsprotokoll – die Sitzungsresultate festhalten

Das Besprechungsprotokoll ist für einen Consultant wie das Stethoskop für einen Allgemeinarzt – eines der wichtigsten Alltags-Tools. Dauerhaft dokumentierst Du mittels Mitschrift die besprochenen Themen, gefällten Entscheidungen sowie die zugewiesenen Aufgaben. Meeting-Teilnehmern und Außenstehenden dient die Unterlage später als wertvolle Informationsquelle auf deren Basis die Projektarbeit vorangetrieben wird.

Zweck

Ein gutes Besprechungsprotokoll ist nicht selbstverständlich. Möchtest Du die in der Sitzung besprochenen Themen, gefassten Beschlüsse sowie die fixierten Aufgaben dauerhaft schriftlich festhalten, ist etwas Übung notwendig.

In meinem Beraterleben habe ich schon viele Meeting-Mitschriften verfasst, habe dabei meine Technik von Treffen zu Treffen immer weiter verfeinert. Andersherum habe ich auch schon zahlreiche Protokolle gelesen und war dabei über die Qualitätsdefizite erstaunt. Dabei sind eine gute Struktur und ein disziplinierter Redaktionsprozess gar nicht so schwierig.

Aufbau

Ein pragmatisches Besprechungsprotokoll besteht aus drei Elementen: Kopf-, Haupt- und Abschlussteil.

Im **Kopf** notierst Du den Sitzungstitel, das Datum der Sitzungsdurchführung inkl. Start- und Endzeit, den Sitzungsort, die eingeladenen Teilnehmer sowie den Status des Protokolls (zum Beispiel in Arbeit, vorgelegt, fertiggestellt). In meinen Protokollen sortiere ich die Teilnehmer immer alphabetisch gemäß ihren Nachnamen und füge Unternehmen, Abteilung und E-Mailadresse hinzu. Titel, Rollennamen oder Positionen lasse ich bewusst weg. Erscheint ein Teilnehmer später bzw. gar nicht zum Meeting oder verlässt jemand die Runde früher, markierst Du das ebenfalls im Besprechungsprotokoll.

Der **Hauptteil** wird in drei Spalten untergliedert. Die Spalte ganz links ist sehr schmal. In ihr notierst Du, ob es sich bei einem Diskussionspunkt um eine Information (abgekürzt mit „I") oder eine Entscheidung („E") handelt. Die große mittlere Spalte enthält den Diskussionspunkt, also die Information oder Entscheidung. Die Spalte rechts ist ebenfalls sehr schmal und beinhaltet den bzw. die Teilnehmer welche(r) die Information gegeben bzw. die Entscheidung gefällt hat/haben. Die zu einem Thema zugehörigen Diskussionspunkte solltest Du im Protokoll direkt hintereinander festhalten, unabhängig davon ob diese in der

Besprechung tatsächlich in dieser chronologischen Reihenfolge angesprochen wurden. Das entstandene ‚Punktebündel' versiehst Du schließlich mit einer Zwischenüberschrift abgeleitet aus der Meeting-Agenda (zum Beispiel ‚Go-Live Planung' oder ‚Fachkonzept Review').

Im **Abschlussteil** des Protokolls notierst Du alle in der Sitzung herausgearbeiteten Aufgaben. Eine Aufgabe umfasst einen klar verständlichen Aufgabentext, eine Erledigungsfrist und genau einen (!) Verantwortlichen. Erneut empfiehlt sich eine dreispaltige Tabelle zur Gliederung. Schließlich solltest Du in der Fußzeile des Dokuments Dich als Protokollautor und die Seitenzahl festhalten. Bei einigen Sitzungsformen sind nur die Entscheidungen und Aufgaben relevant. Hier lässt Du im Mittelteil einfach die Informationspunkte weg.

Besprechungsprotokoll ‚Titel des Treffens'

Autor	Christopher Schulz
Termin, Ort	19.02.2016	10:00 - 11:00h	München (Gebäude X, Raum Y)
Status	Aktualisiert 20.02.2016

Teilnehmer

Name	E-Mail
Christopher Schulz (Consulting-Life.de)	info@consulting-life.de

Ergebnisse

E = Entscheidung | I = Information | A = Aufgabe

Art	Ergebnis	Name
I	• Begrüßung und Vorstellung	Alle
Thema 1		
I	•	
I	•	
Thema 2		
I	•	
I	•	

Aufgaben

A	• Erstellung XY	Mustermann (21.02.16)
A	• Entscheidung Z	Musterfrau (21.02.16)

Vorlage für ein Besprechungsprotokoll für Consulting-Life.de

Obere Abbildung illustriert beispielhaft eine Vorlage für ein Besprechungsprotokoll für Consulting-Life.de.

Anwendung

1. Vorbereiten
Bereits im Vorfeld des Meetings solltest Du mit den Teilnehmern abstimmen, wer für das Besprechungsprotokoll zuständig ist. Dies impliziert, dass sich diese Person weniger in die Diskussion einbringen kann, da sie ja parallel die besprochenen Informationen, Entscheidungen und Aufgaben notiert. Auch kann der Protokollant zusätzlich keine weitere Rolle, wie zum Beispiel Moderator, Redner oder Infrastrukturverantwortliche übernehmen.

2. Erstellen
Während der Sitzung hält Du in der Rolle des Protokollanten wichtige Diskussionspunkte als Stichworte direkt im Dokument fest. Falls etwas akustisch bzw. inhaltlich nicht verstanden wird oder das Gespräch zu schnell abläuft, sollte Du Dich nicht davor scheuen, dies dem Moderator oder der Gruppe anzuzeigen. Oftmals reicht es dazu aus, den notierten Fakt einfach laut und deutlich zu wiederholen und anzufügen, dass dies so im Besprechungsprotokoll festgehalten wird. Falls möglich, solltest Du am Schluss eines Treffens alle gefällten Entscheidungen und identifizierten Aufgaben laut vorlesen und die Bestätigung der Teilnehmer einholen.

3. Nachbereiten
Im Nachgang des Treffens bereitest Du dann die Stichworte zu vollständigen Sätzen auf und ergänzt Facetten, die zwar in Deinem Kopf, nicht aber auf dem Papier stehen. Empfehlenswert ist diese Aufbereitung direkt nach dem Meeting, dann sind die einzelnen Diskussionspunkte noch frisch. Abschließend prüfst Du die Mitschrift auf Vollständigkeit, Konsistenz und Korrektheit. Hake im Zweifelsfall noch einmal beim teilnehmenden Kollegen nach.

4. Versenden
Das Protokoll verschickst Du an alle Teilnehmer, auch an solche, die dem Meeting nicht beiwohnen konnten oder nicht auf der Einladungsliste standen. Bei der Versendung solltest Du um Feedback, Ergänzungen und Korrekturen bis zu einem bestimmten Stichtag bitten. Nach diesem Termin gelten das Besprochene, die Entscheidungen und Aufgaben als gesetzt. Werden Änderungen herangetragen, so musst Du entscheiden: Kleinigkeiten können direkt im Besprechungsprotokoll nachgepflegt werden, umfassenden Anpassungen sollten an alle Teilnehmer verschickt bzw. zwecks Vermeidung einer E-Mailschlacht am besten im Folgetreffen besprochen werden.

5. Einsetzen
Ein Besprechungsprotokoll anzufertigen ist das Eine, dieses dann auch zu das Andere. Deine Mitschrift ist ein im Projekt entstandenes Ergebnis. Daher: wende die dokumentierten Erkenntnisse bei der Projektarbeit an, gehe von den getroffenen Entscheidungen aus und halte die vereinbarten Aufgaben nach. Verweise auch die Kollegen an das Protokoll als Ergebnisträger.

Vor- & Nachteile

Niemand kann sich alles merken. Insbesondere wenn es sich um eine Diskussion handelt, die bereits Tage bzw. gar Wochen zurückliegt. Ein Besprechungsprotokoll konserviert die Essenz eines Treffens und macht sie zeitlos für einen Teilnehmerkreis beliebiger Größe verfügbar. Als Protokollant hilft Dir das Dokument, die wichtigsten Punkte des Gesprächstermins noch einmal Revue passieren zu lassen und zu reflektieren.

Ein Protokoll ist nicht zu verwechseln mit einer Transkription, daher einer 1:1 Verschriftlichung des gesprochenen Wortes. Gerade wenn Dir Diskussionsgegenstand noch unbekannt ist, besteht die Gefahr zu viele Details festzuhalten. Nicht nur, dass sich die Teilnehmer dann über zu ausführliche Mitschriften klagen. Du verlierst auch noch sehr viel Zeit bei der Erstellung. Ein weiterer Nachteil von Protokollen ist ihre (teilweise) fehlende Genauigkeit und Eindeutigkeit. Geschriebener Text kann, je nach Leser und Kontext, auf verschiedene Weise interpretiert und im Zweifelsfall falsch verstanden werden.

Praxistipps

Tipp 1 – An der Zielgruppe orientiert
Nicht immer ist das Besprechungsprotokoll nur für die Meeting-Teilnehmer bestimmt. Überlege Dir, wer noch das Papier liest und welchen Stellenwert dieses Papier für ihn einnimmt. Berücksichtige diese Zielgruppen bei der Anfertigung des Protokolls.

Tipp 2 – Vorbereitung ist (fast) alles
Bereite die Struktur und den Kopfteil des Dokuments vor, falls Dir für die Sitzung die Aufgabe des Schriftführers zufällt. Auf diese Weise bist Du die Namen der erwarteten Teilnehmer schon einmal durchgegangen, kannst Dich im Meeting besser auf die diskutierten Inhalte konzentrieren. Beraterprofis notieren bereits die Hauptdiskussionspunkte auf Basis der Meeting-Agenda und denken sich in die Inhalte schon einmal kurz ein.

Tipp 3 – Prosa vermeiden
Ein Besprechungsprotokoll ist kein Roman. Beim festhalten verschiedener

Diskussionspunkte kannst Du die gleichen Worte benutzen. Wichtig ist, dass auch Wochen nach der Zusammenkunft von Teilnehmern und Nicht-Teilnehmern problemlos und unmittelbar verstanden wird, um was es bei einem Punkt ging.

Tipp 4 – Präzise Aufgaben
Achte darauf, dass die Aufgaben so beschrieben werden, dass allen (und insbesondere dem Verantwortlichen) klar ist, welche Gestalt das Ergebnis haben wird. Unspezifische Verben wie ‚Diskutieren' oder ‚Besprechen' sind fehl am Platz. Konkret und präzise gewinnt.

Tipp 5 – Ergebnis- vs. Verlaufsprotokoll
Die Protokollempfänger sind schwer beschäftigt und haben nur wenig Zeit? Liefere ihnen eine Unterlage, die zusammengefasst die zentralen Erkenntnisse, Beschlüsse und Aufgaben enthält, das sogenannte Ergebnisprotokoll. Legen die Rezipienten hingegen Wert auf die Details, versendest Du stattdessen ein Verlaufsprotokoll. Dieses beinhaltet alle besprochenen Diskussionspunkte chronologisch sortiert, praktisch eine Verschriftlichung des Meetings.

Lesetipp
Rebekka Willing und Jonas Geldschläger haben auf ihrer Webseite www.wortwuchs.net einen ausführlichen und sehr lesenswerten Artikel zum Verfassen von Protokollen.

Zusammenfassung

Wer schreibt der bleibt. Schon früh in meiner Consulting Laufbahn habe ich den Sinn dieses Sprichwortes beherzigt, führe in Meetings daher gerne die Mitschrift. Als Protokollant bleibst Du die gesamte Sitzungszeit bei der Sache und setzt Dich in der Nachbereitung noch einmal intensiv mit dem Thema auseinander. Dein Ergebnis (und damit auch Du) gelten dann für alle Meeting-Teilnehmer als Referenzquelle zum Treffen. Nicht schlecht, oder?

Desk Research – einfach und effektiv Erkenntnisse gewinnen

Desk Research? Was soll daran so schwierig sein? Einfach eine Internetsuchmaschine aufrufen, Schlüsselwort eintippen und los geht's! Wild kreuz und quer nach Schlagworten recherchieren – vielleicht bist Du während Deiner Studien- und Ausbildungszeit mittels dieser Technik gut gefahren. Das das war gestern. Im hochdotierten Consulting Job in der jede Arbeitsstunde zählt, ist diese Wildwesttechnik aus vergangenen Uni-Zeiten im doppelten Sinne nicht mehr zeitgemäß. Schwenke um auf ein systematisches und strukturiertes Desk Research.

Zweck

Früher oder später in Deiner Beraterkarriere wirst Du mit einem Untersuchungsauftrag betraut. In diesem geht es Deinem Kunden darum Wissen zu einem neuen Thema aufzubauen bzw. bestehende Aussagen mit Fakten anzureichern. Bevor Du jetzt mehrere Ein-Tages-Workshops ansetzt, großflächige Interviewserien planst oder komplizierte Teststellungen konstruierst, lohnt das Vorschalten einer zeitlich begrenzten Desk Research Initiative.

Im Kern ist Desk Research – manchmal auch Schreibtischsuche, Sekundärerhebung oder Arbeitsplatzrecherche genannt – eine Methode der Marktforschung. Das heißt, Du gewinnst Fakten aus bereits erschlossenen Informationsquellen ohne Dich vom Schreibtisch aus wegbewegen zu müssen. Gerade wenn gute Quellen vorliegen, beispielsweise in Form von ausführlicher Dokumentation oder einer sorgsam gepflegten Expertendatenbank, eignet sich Desk Research sehr gut für einen kostenschonenden und effizienten Erkenntnisgewinn.

Aufbau

Unterscheide bei Desk Research zwischen zwei Fällen:

4. Du möchtest eine bestimmte **Frage beantworten**. Hierzu recherchierst Du in vorhandenen Quellen nach Antworten auf Deine Frage.
5. Du möchtest eine spezifische **Annahme bestätigen**. Dazu suchst Du in existierenden Quellen nach passenden Fakten, welche die Annahmen stützen.

Nimmst Du es ganz streng, dann involviert Desk Research nur vorhandene dokumentierte Daten. Du greifst also auf Fakten zurück, die nicht unmittelbar für die aktuelle Fragestellung oder Annahme erhoben bzw. generiert wurden. Potentielle relevante online und offline Quellen für Deine Sekundärforschung sowohl bei Deiner Beratung als auch beim Kunden sind (in alphabetischer Reihenfolge):

- **Austauschplattformen** – Business Plattformen, Frage- & Antwortforen, Soziale Netzwerke, Video Portale, etc.
- **Berichte** – <u>Besprechungsprotokolle</u>, Vertriebsmitschriften, Abnahmeprotokolle, etc.
- **Bücher** – Arbeitsbücher, Fachbücher, Praxishandbücher, Ratgeber, etc. (besser elektronisch, da schneller durchsuchbar)
- **Expertensysteme** – Intranet, elektronische Inventarlisten, IT-Systemregister, Kundenbeziehungsdatenbanken, etc.
- **Forschungseinrichtungen** – Dissertationen, Masterarbeiten, Publikationen, etc.
- **Marktforschungsinstitute** – Studien, Statistiken, Trendanalysen, etc. (meist kostenpflichtig)
- **Offizielle Stellen** – Wirtschafts- und Interessensverbände, öffentliche Vereine, Patentämter, Standardisierungsgremien, etc.
- **Presse** – Börsenbriefe, Fachmagazine, (Welt-)Politische Essays, Wirtschaftsartikel, etc.
- **Suchportale** – Karriereportale, Preisvergleichsseiten, (Meta-)Suchmaschinen, Übernachtungsportale, etc.
- **Wissensportalen** – interne Erfahrungs- und Wissenssysteme, Fach- & Methodendatenbanken, Finanzportale, Publikationsdatenbanken, Online Enzyklopädien, etc.
- **Unternehmenswebseiten** – Branchendienste, Online Shops, Wissensblogs, Whitepapers, etc.

Fasst Du den Begriff Desk Research hingegen etwas weiter, dann involviert die Technik auch neue Daten, die Du einfach und schnell im Office vom Schreibtisch aus erheben kannst. Erneut einige Wissensquellen, über die Du per E-Mail, Telefon oder im persönlichen Gespräch direkt und unkompliziert an neues Wissen gelangst:

- **Ausbildung** – Schulkameraden, Kommilitonen und Weiterbildungspartner, etc.
- **Beratungsumfeld** – Kollegen, Mitarbeiter, Vorgesetzte, etc.
- **Familie** – Eltern, Geschwister, Kinder, etc.
- **Freunde** – Bekannte, Sportpartner, Freizeitbekanntschaften, etc.
- **Kunden** – Bestandskunden, ehemalige Kunden, Kunden von Kunden, etc.
- **Partner** – Dienstleister, Hersteller, Projektpartner, etc.

Deinen Ideen sind keine Grenzen gesetzt. Jede Quelle, die rasch und effizient Deine Frage beantwortet bzw. Deine Annahme bestätigt lohnt sich.

Beachte, dass es sich immer um Kurzanfragen von einigen Minuten handelt. Stundenlange Telefoninterviews, internationale Videokonferenzsitzungen oder die Wissensgenerierung anhand eines eigens entwickelten Prototypen fallen nicht mehr unter die Methode Desk Research.

Anwendung

1. Frage bzw. Annahme definieren

Die schwierigste Suche ist die, bei der Du nicht weißt, nach was Du suchen sollst. Klingt banal? Treffe ich aber in der Praxis häufig an! Fixiere zunächst die zentrale Frage- bzw. Annahme. Daher: was möchtest Du beantworten oder belegen. An dieser Stelle ein kleines Beispiel. In einem meiner Projekt hieß unsere Hauptannahme:

> „Der Entwicklungsbereich nutzt eine zukunftssichere und wettbewerbsfähige Softwareplattform."

Meist ist die Eingangsfrage bzw. -annahme noch sehr abstrakt. Breche diese anschließend in Teilfragen bzw. -annahmen soweit herunter, bis Du diese mit Einzelfakten aus verschiedenen Quellen belegen kannst. Beim Zerstückeln sind die offenen W-Fragen hilfreich, daher ‚Wer', ‚Wie', ‚Was', ‚Womit', ‚Wie viele', ‚Wozu', etc.. Frage auch Deinen Kunden bzw. Auftraggeber, was ihm wichtig ist. In unserem Beispiel gestalteten sich die Teilfragen wie folgt:

1. *„Am Arbeitsmarkt gibt es ausreichend Programmierer." (‚Wer')*
2. *„Die Softwarearchitektur ist modern." (‚Was')*
3. *„Das Kundenunternehmen kann die Plattform selbst weiterentwickeln." (‚Wie')*
4. *...*

Gerne kannst Du mehrere Teilfragen und -aussagen zu Gruppen clustern. Wir nutzten beispielsweise ‚Entwickler', ‚Hersteller' und ‚Weiterentwicklung' und verankerten unter jeder der Gruppen mehrere Fragen.

2. Suchraum festlegen

Weißt Du was Du finden möchtest, gilt es nun, den Suchraum einzuschränken. Überlege Dir, welche Quellen substantielle Informationen enthalten, welche auf Deine Teilfragen und -annahmen einzahlen. Notiere für jede Quelle, welche nach welchen Teilinformationen Du in dieser Suchst. Erneut das Beispiel der Softwareplattform:

1. *Für Teilannahme 1 ‚Arbeitsmarkt' nutzten wir das Karriereportal StepStone und zählten dort die Stellenanzeigen für die Plattformtechnologie.*

2. *Für Teilannahme 2 ‚Softwarearchitektur' recherchierten wir mit Google Trends und dem Google Keyword Planner nach den monatlichen Suchanfragen.*
3. *Für Teilannahme 3 ‚Weiterentwicklung' zählten wir beim Onlinehändler Amazon die verfügbaren Bücher zur Technologie.*

3. Recherchieren & analysieren

Zum Start einer Desk Research Initiative geht Breite vor Tiefe. Beginne Deine Recherche mit günstigen Quellen in der Dir die Suche wenig Aufwand bereitet und die Ergebnisse eindeutig sind. In der Regel werden dies Online Ressourcen sein. Per Mausklick verschaffst Du Dir nach kurzer Suche einen Überblick.

Setze Dir enge Zeitfenster je Quelle und Teilaspekt. Wenn Du nach fünf Minuten nichts gefunden hast, wechselst Du die Quelle bzw. gehst zur nächsten Teilfrage- oder -annahme über. Geschwindigkeit ist der Schlüssel. Iteriere mehrmals über Deine Quellen und gehe bei jedem Durchgang tiefer in die Details. Halte sowohl die Ergebnisse als auch die Quellen fest. Jeder Fakt muss sich auf eine Quelle zurückverfolgen können.

4. Auswerten & aufbereiten

Eine Desk Research Aufgabe ist erst beendet, wenn Du die Ergebnisse auch zielgruppengerecht ausgewertet und aufbereitet hast. Wer erhält von Dir die zu Tage geförderten Informationen? Welchen Informationsbedarf möchte er als erstes stillen? Was ist ihm persönlich besonders wichtig? Wie verwendet er die Erkenntnisse weiter? Versetze Dich in die Rolle des Empfängers. Und entwickle daraufhin eine Ergebnispräsentation.

Vor- & Nachteile

Desk Research ermöglicht Dir innerhalb kurzer Zeit stichhaltige Fakten zu Tage zu fördern. Bereits nach einer Stunde Recherche kannst Du eine Aussage erhärten oder eine Frage partiell klären. Ideal für die Einarbeitung in ein neues Thema zum Projektbeginn.

Auch ist die Methode sehr preiswert. Neben modernen Kommunikationsmitteln wie Internet, Telefon und einer Standard Office Anwendung schlagen im Regelfall nur Dein zeitlicher Bedarf sowie der Zugriff auf ein Teil der Quellen (Marktstudien, Fachbücher, etc.) zu Buche. Last but not least skaliert die Methode. Durch das Beauftragen zusätzlicher Recherchekollegen kommt Ihr schneller zum Ziel bzw. zu einem aussagekräftigeren Ergebnis.

Natürlich stößt auch ein Desk Research irgendwann an seine Grenzen. Wie aus seinem Namen hervorgeht bist Du bei dieser Methode an Deinen Schreibtisch gebunden, kannst nicht alle Daten erheben bzw. auswerten. Auch neigen die identifizierten Fakten dazu, rasch zu veralten. Eine brandheiße Nachricht auf dem Online Ticker, ein über Nacht angepasster Wikipedia-Artikel – schon sind Deine mühsam zusammengetragenen Fakten Schnee von gestern.

Ein weiteres Problem ist die Vergleichbarkeit. Regelmäßig kommt es vor, dass die extrahierten Daten aufgrund Deiner unterschiedlichen Generierungs-/ Erhebungsweisen nicht gegenübergestellt werden können. Schließlich hast Du bei Desk Research immer das ‚Nadel im Heuhaufen'-Problem. Unter der riesigen Menge von online und offline Quellen in angemessener Zeit die richtigen herauszupicken gleicht oftmals einem Lottospiel.

Praxistipps

Tipp 1 – Quantität vor Qualität
Zählbare Fakten sind meist schneller zu finden als qualitative Informationen. Gerade die großen Internetsuchmaschinen liefern Dir fast immer die Gesamtzahl von Treffern. Formuliere Deine Teilfragen- und Aussagen daher so, dass Du diese mit Zahlen beantworten kannst. Sorge auch für einen Vergleichswert, die sogenannte Basislinie. Falls Dir beispielsweise Google für ein Schlagwort 50.000 Treffer zurückgibt, dann bestimmt Du mit einem ähnlichen Schlagwort, ob dieser Wert nun in Relation hoch oder niedrig zu bewerten ist.

Tipp 2 – Desk Research parallel
Desk Research kannst Du prima gemeinsam mit Deinen Kollegen vorantreiben, die Gesamtdauer damit reduzieren bzw. das Suchresultat vergrößern und aufwerten. Verteilt dazu die Teilfragen und -aussagen untereinander und beginnt dann jeder in den unterschiedlichen Quellen zu stöbern. Jeder Kollege ist damit Experte für ein Teilgebiet. Arbeitet parallel und bringt die Ergebnisse nach jedem Suchdurchlauf wieder zusammen.

Tipp 3 – Das Netzwerk zählt
Desk Research bietet Dir eine klasse Möglichkeit alte Kontakte aufzufrischen. Aus meiner Erfahrung fühlen sich ehemalige Kollegen, alte Bekannte und vergangene Vereinskameraden fast schon geschmeichelt, wenn Du diese mit einer Expertenanfrage in ihrem Wissensbereich kontaktierst. Als Dank für ihren Input kannst Du ein Teil Deiner Rechercheergebnisse zurückgeben. Vorausgesetzt natürlich, Du verletzt keine rechtlichen Bestimmungen Deines Kunden. Übrigens signalisierst Du mit einer Kontaktaufnahme immer auch Dein professionelles Vorgehen und Deine Forschermentalität. Consulting Marketing während der Projektarbeit – gibt es etwas Besseres?

Tipp 4 – Strukturiert bei Suchmaschinen
Internetsuchmaschinen sind bei Desk Research Segen und Fluch zugleich. Zum einen bieten sie Dir in Bruchteil von Sekunden einen riesigen Faktenfundus, zum

anderen sind nur wenige der gelieferten Treffer auch tatsächlich relevant für Deine Frage bzw. Annahme. Um nicht in den unendlichen Weiten des Webs verloren zu gehen, solltest Du die Auswahl und Menge der Suchbegriffe sowie ihre Kombination eingrenzen. Nutze beispielsweise einen morphologischen Kasten, um die Suchanfragen zu systematisieren und gegenüber Deinen Kunden transparent zu machen.

Tipp 5 – Doppelte Quelle hält besser
Ein guter Journalist lässt sich einen gefundenen Fakt immer aus einer zweiten Quelle bestätigen. Agiere bei Deinem Desk Research wie ein Profi-Reporter und validiere die identifizierten Daten. Speziell wenn es sich bei der Primärquelle um eine angestaubte Nachricht, eine undurchsichtige Webseite oder zweifelhaftes Halbwissen eines Bekannten handelt.

Tipp 6 – Alles hat Grenzen
Du konntest ein spezifisches Detail nicht untersuchen? Dir fehlt eine Quelle? Dein Analyse-Scope hat eine Lösung nicht berücksichtigt? Liste alle offenen Punkte transparent für den Kunden auf und gebe damit zu verstehen, dass Deine Rechercheergebnisse einen Zwischenstand markieren. Offenbare Deinen offenen Flanken. Desk Research ist nie abgeschlossen.

Lesetipp
Gerade Berichterstatter sind wahre Meister im Desk Research. Zwecks Vertiefung des Themas empfehle ich Dir das Buch ‚Recherchieren: klassisch – online – crossmedial' des Journalisten Markus Kaiser.

Zusammenfassung

Desk Research ist mehr als in einer X-beliebigen Internetsuchmaschine nach einer Batterie von Schlagworten zu fahnden. Statt Dich im Kleinklein der Trefferlisten zu verlieren, definierst Du zu Beginn Deiner Analyse den Suchgegenstand und Suchraum. Anschließend gehst Du planvoll zu Werke und protokollierst Deine Ergebnisse und Quellen entlang den Wissensbedarfen Deiner Auftraggeber.

Die Interviewlandkarte – Gesprächsserien effizient umsetzen

Müde von immer gleichen Interviewprotokollen? Keine Zeit, um durch mehrseitige Mitschriften zu lesen um die zentralen Fakten herauszufiltern? Unterwegs bei Kunden, die positiv überrascht werden wollen? Solltest Du eine dieser Fragen mit einem ‚Ja' beantwortet haben, empfehle ich Dir einen Blick auf das Consulting Tool Interviewlandkarte. Das Werkzeug hilft Dir, Dein Gespräch zu strukturieren und Dich dabei auf die wesentlichen Fragen zu konzentrieren.

Zweck

Sie gibt Dir im Gespräch Orientierung, vermeidet unnötigen Protokollballast und ist Deinem Kunden eine willkommene Abwechslung: die Interviewlandkarte. Bei dem Consulting Tool handelt es sich um genau eine Folie. Auf dieser sind Fragen an Deine Interviewpartner zusammengefasst und in Themenfeldern gruppiert. Der Nutzen: sowohl Du als auch der Interviewte erhalten eine perfekte Übersicht auf die Gesprächsthemen. Darüber hinaus vergisst Du keine Fragen und verfügst auch nach dem Gespräch über eine Struktur für die Ergebnisse.

Auch Gesprächslandkarte genannt, habe ich mit einer Interviewlandkarte sehr gute Erfahrungen gemacht. Statt langatmige Textmitschriften halte ich in Interview Fragen und Ergebnisse auf nur einer einzigen Folie fest. Nachfolgend Hinweise zur Erstellung sowie Tricks bei der Anwendung dieses Tools.

Aufbau

Eine Interviewlandkarte besteht aus drei Bestandteilen: Themenfelder, Fragen und Metainformationen. Im Detail:

- **Themenfelder** sind Cluster, die sachlogisch zusammengehörige Fragen gruppieren. Beispiele im technischen Kontext sind ‚Daten', ‚Systeme' oder ‚Schnittstellen'.
- **Fragen** sind Elemente eines Themenfeldes. Offen formuliert, adressieren sie ein Informationsbedarf für den jeweiligen Themenblock. Mögliche Fragen – erneut aus einem technischen Projekt – sind beispielsweise ‚Welche Daten benötigt ein Nutzer?' oder ‚Inwiefern bestehen Schnittstellen zwischen den Systemen?'.
- **Metainformationen** geben Auskunft über die Interviewlandkarte. Zu nennen sind hier der Name und die Abteilung des Interviewpartners, das Gesprächsthema, Datum und Uhrzeit des Gesprächs sowie letzte Änderung der Folie. Weitere Infos wären zum Beispiel die Kontaktdaten des Interviewten bzw. des Interviewers.

Je nach Projektziel, zu befragende Interviewgruppe, verfügbare Hilfsmittel und organisatorischer Kontext solltest Du Deine Interviewlandkarte mit individuellen Aspekten versehen. Das können beispielsweise erklärende Einführungstexte pro Themenblock sein, Einfärbungen oder hervorgehobene Textpassagen.

Anwendung

Analog einem gewöhnlichen Interviewprotokoll bereitest Du eine Interviewlandkarte vor und nutzt diese dann für die Durchführung und Nachbereitung des Gesprächs. Im Einzelnen:

1. Interviewlandkarte entwickeln
Zugegeben, die Konzeption einer Interviewlandkarte fällt auch mir nicht immer leicht. Welche Themenfelder sind wichtig? Wie lauten zugehörige erkenntnisfördernde Fragen? Um an den Aufbau einer Karte zu gelangen, höre möglichst genau auf Deinen Kunden und analysiere bestehende Dokumente auf strukturgebende Elemente. Meist bilden die Themenfelder ‚Organisation', ‚Prozesse' und ‚Informationstechnik' einen guten Startpunkt. Direkt in diesen Feldern notierst Du dann alle Fragen, deren Beantwortung das Projekt weiterbringen. Manche Fragen führen vielleicht zu neuen Blöcken, diese wiederum zu neuen Fragen. Der Prozess verläuft iterativ. Wichtig aber ist, dass alles auf genau eine Folie passt. Schließlich versiehst Du die Themenfelder mit Nummern welche die Reihenfolge im Gespräch widerspiegeln.

2. Gespräche führen
Ein paar Tage vor einem Gespräch versendest Du die Interviewlandkarte und die enthaltenen Fragen an Deine Diskussionspartner. Dies gibt ihm Gelegenheit, sich für Euren Termin vorzubereiten und in die Struktur Eures Gesprächs bzw. Ergebnisses einzutauchen. Im Interview hältst Du Dich dann strikt an die Landkarte und notierst alle Antworten direkt in die einzelnen Themenfelder. Um Platz zu schaffen, löschst Du beantwortete Fragen aus ihren jeweiligen Blöcken. Der Clou: die Interviewlandkarte stellt sicher, dass Du kein Themenfeld bzw. Frage vergisst. Im Anschluss zum Gespräch sendest Du die überprüfte und ergänzte Karte einfach an Deinen Gesprächspartner mit Bitte um ein kurzes Review. In meiner Praxis kommt das Gros der Interviewteilnehmer dieser Aufforderung nach. Schließlich handelt es sich ja nur um eine Folie die zudem eine bekannte Struktur besitzt.

3. Ergebnisse auswerten
Nach einer Serie von Gesprächen dienen Dir die überprüften Interviewlandkarten als Grundlage für Deine Auswertungen. Da jedes Interview auf einer Folie festgehalten ist und sich zudem die Aussagen zu den Fragen immer an der gleichen Stelle befinden, sollte Dir die Erstellung einer Zusammenfassung, eines Vergleichs oder Gegenüberstellung sehr einfach fallen.

Nachfolgende Abbildung zeigt eine typische Interviewlandkarte aus meinem Projektalltag als Business/IT-Berater. Neben den Metainformationen enthält die Folie sechs Themenfelder mit jeweils mindestens drei Fragen. Die Themenblöcke besitzen nicht alle die gleiche Größe, da die ersten Interviews uns zeigten, dass insbesondere zu den Themen ‚Geschäftsobjekte & Datenstrukturen' bzw. ‚Anforderungen & Projekte' viele Fakten von den Personen geäußert wurden.

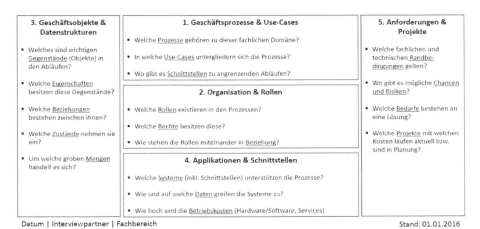

Beispiel für eine Interviewlandkarte für die Aufnahme von Prozess- und IT-Informationen

Vor- & Nachteile

Der größte Trumpf einer Interviewlandkarte ist meinen Erfahrungen nach ihre kompakte Darstellung. Auf einer Folie werden die zentralen Punkte eines Gesprächs gruppiert und visuell ansprechend zusammengefasst. Gerade für Kunden, die sonst immer mit lange Excel-Protokolllisten hantieren, wirkt diese Form der Gesprächsmitschrift erfrischend anders. Großes Plus auch die Vergleichbarkeit der Interviews untereinander relevant insbesondere bei Interviewserien mit mehreren Partnern. Verwandte Punkte stehe immer an der gleichen Stelle, lassen sich einfach in Zusammenhang setzen und übereinanderlegen. Schließlich fordert die Einschränkung auf genau eine Folie zur Fokussierung. Welche Information ist wirklich wichtig? Was kann auch im Nachgang ermittelt werden?

Eher ungeeignet ist eine Interviewlandkarte für Präsentationen, zum Beispiel im Rahmen von Meetings und Workshops. Die Darstellungen sind meist zu textlastig und klein, die vielen Details belasten das Publikum eher als das sie diesem helfen.

Auch haben Interviewlandkarten nichts in Managementmeetings zu suchen in denen es um die großen Zusammenhänge mit strategischer Tragweite geht.

Praxistipps

Tipp 1 – Kernaussagen zusammenfassen
Nutze als Zusammenfassung der Interviewserie erneut die Struktur Deiner Interviewlandkarte. In jedes Feld trägst Du dafür die zentralen Erkenntnisse aller Interviewfolien ein. Der Vorteil: dem Kunden ist der Aufbau der Karte bereits bekannt. Und für Dich erübrigt sich die Entwicklung einer neuen Struktur für die Ergebnispräsentation.

Tipp 2 – Karten recyceln
Scheue nicht davor zurück, bereits bewährte Interviewlandkarten für Projekte mit ähnlichen Fragestellungen erneut heranzuziehen. Warum das Rad neu erfinden, wenn Du für ein vergleichbares Kundenproblem bereits eine Menge von klugen Fragen in einer logischen Struktur vor Dir in der (virtuellen) Schublade liegen hast.

Tipp 3 – Kontinuierliche Optimierung
Keine Interviewlandkarte ist in Stein gemeißelt. Solltest Du nach dem ersten Interview feststellen, dass Fragen bzw. ganze Themenfelder fehlen, ergänzt Du diese einfach auf einer neuen Fassung Deiner Folie. Damit sind die Interviews zwar inhaltlich nicht ganz deckungsgleich, in Folgegespräche profitieren Du und der Interviewte aber von dieser optimierten Struktur.

Lesetipp
Akquisegetelefonate, Mitarbeitergespräche, Messesitzungen – setze Interviewlandkarten immer dann ein, wenn Du strukturiert Informationen erheben möchtest. So schlägt der Verkaufstrainer Stephan Heinrich die Methode für eine Bedarfsanalyse beim Kunden vor. Unter der Webseite https://stephanheinrich.com/gespraechslandkarte findest Du einen Download.

Zusammenfassung

Der Arbeitstag von Consultants ist gespickt mit Interviews. Eine Interviewlandkarte bietet Dir eine attraktive Alternative, strukturiert und effizient Informationen auf genau einer Folie aufzunehmen ohne dabei wichtige Aspekte zu übersehen. Die hohe Kunst liegt in der Entwicklung einer für das Themenfeld passenden Karte. Mit etwas Übung und Zeit gelangst Du immer schneller an eine nützliche Gesprächsstruktur.

Der Issue Tree – die Ursachen eines Problems aufspüren

McKinsey nutzt ihn in seinen Beratungsprojekten. Roland Berger ebenfalls. Bain & Company sowieso. Den Issue Tree. Ein Issue Tree erlaubt Dir einen vielschichtigen Sachverhalt in verständliche und umsetzbare Einzelteile zu zerlegen. Zudem visualisiert er die Abhängigkeitshierarchien zwischen den Elementen. Klingt praxisfremd? Keine Angst! Im Beitrag stelle ich Dir das Standard-Tool der Top-Beratungen vor und erkläre, wann und wie Du das Consulting Werkzeug einsetzen solltest. Auf geht's.

Zweck

Ein Issue Tree ist ein Modell, welches Dir erlaubt ein Problem bzw. eine Aufgabenstellung strukturiert herunterzubrechen und aufzulösen. Gebräuchliche Synonyme sind ‚Logischer Baum', ‚(Deduktiver) Logikbaum' , ‚Issue Map' oder ‚Decision Tree'. Ein Issue Tree gehört zum Standardrepertoire von Strategieberatungen. Ein Baum erfüllt immer eine der beiden Funktionen:

- das ‚Warum', also die Grundursache (engl. Root cause) eines Problems aufspüren oder
- dass ‚Wie', daher mögliche Lösungen für ein gegebenes Problem identifizieren.

Erstere werden auch Diagnosebäume (engl. Diagnostic trees) bzw. Problembäume, letztere Lösungsbäume (engl. Solution trees) genannt.

Aufbau

Ein Issue Tree ist ein Problem- oder ein Lösungsbaum. Das heißt: er beantwortet entweder eine ‚Warum' oder eine ‚Wie' Frage. Unabhängig welches Thema Du betrachtest, Dein Issue Tree besitzt immer die folgenden Elemente:

- eine **Wurzel** mit einer Frage nach der Ursache bzw. dem Ziel,
- mehrere **Blätter** als Teilantworten bzw. Teillösungen sowie
- die **Verbindungen** zwischen den Blättern als Hierarchiebeziehungen.

Alle Blätter, die direkt mit der Wurzel verbunden sind, bilden die Ebene 1. Die Blätter, die wiederum mit diesen Blättern verbunden sind, die Ebene 2. Und so weiter.

Die Blätter eines guten Issue Trees erfüllen das sogenannte MECE-Prinzip. MECE ist ein englisches Akronym und steht für ‚Mutually Exclusive & Collectively Exhaustive', zu Deutsch 'sich gegenseitig ausschließend & insgesamt erschöpfend'. Im Kern enthält MECE zwei Anforderungen an die Blätter Deines Issue Trees:

1. **Mutually Exclusive:** Alle Blätter einer Ebene sind überschneidungsfrei. Daher: keine Teilantwort oder -lösung überdeckt sich inhaltlich mit einer anderen.
2. **Collectively Exhaustive:** Alle Blätter einer Ebene decken in Summe das Blatt der nächst höheren gelegenen Ebene vollständig ab. Daher: das Blatt auf Ebene n umfasst keine weiteren inhaltlichen Aspekte die von den Teilantworten und -lösungen auf der tieferen Ebene n+1 nicht aufgegriffen werden.

Ein nach dem MECE-Prinzip ausgerichteter Issue Tree lässt sich prima für die Problemlösung bzw. Lösungsdefinition heranziehen. Seine Elemente sind unabhängig voneinander und beschreiben trotzdem den Sachverhalt in allen Facetten.

In der Regel modellierst Du einen Issue Tree von links nach rechts. Ganz links befindet sich die Wurzel – der Dreh- und Angelpunkt Deiner Analyse. Rechts daneben ordnest Du die verschiedenen Unterebenen mit ihren einzelnen Blättern ein. Visuell gleicht das Konstrukt einem um 90° nach links gekippten Organigramm bzw. Stammbaum.

Anwendung

1. Frage formulieren
Formuliere zunächst die Wurzel Deines Issue Trees am besten in Form einer Frage. Bei einem Problembaum ist dies die Frage nach der Ursache, bei einem Lösungsbaum die Frage nach dem Ziel.

2. Blätter identifizieren
Auf Basis von Kreativitätstechniken wie zum Beispiel Brainstorming, der 6-Hüte-Methode oder SCAMPER findest Du nun in Frage kommende Ursachen für das Problem bzw. essentielle Bausteine für die Lösung. Notiere alle Gründe und Ideen in Form von Blättern. Nutze dabei stets einen identischen und einfach verständlichen Satzbau.

3. Blätter anordnen
Nun verleihst Du Deinem Baum eine Struktur. Sortiere dazu die Blätter auf semantisch gleiche Ebene und verbinde sie mittels Beziehungslinien. Achte auf die Einhaltung des MECE-Prinzips. In der Praxis sollte Dein Issue Tree nicht mehr als fünf Ebenen besitzen. Das ist handhabbar und trotzdem umfassend. Iteriere mehrmals über den Baum, verliere Dich dabei jedoch nicht im

Optimierungswahn. Ein Issue Tree ist lediglich ein Consulting Tool, das Dir bei der Problemlösung helfen soll.

4. Hypothesen formulieren
Die Blätter der untersten Ebene Deines Issue Trees sollten spezifisch genug sein, dass diese mit konkreten Aufgaben versehen werden können. Bei Problembäumen sind das Hypothesen, also Annahmen, die durch konkrete Analysen und Tests zu validieren sind. Bei Lösungsbäumen sind das ToDos die auf das Gesamtergebnis einzahlen und von einzelnen Personen bzw. kleinen Teams abgetragen werden müssen.

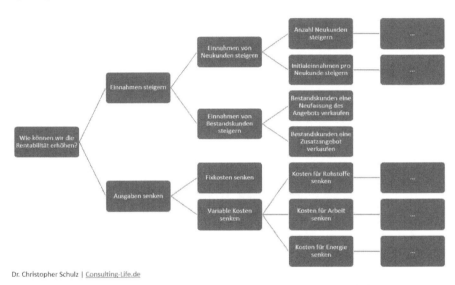

Beispiel für einen typischen Lösungsbaum „Steigerung Rentabilität eines Unternehmens"

Die Abbildung zeigt einen Ausschnitt aus einem Rentabilitätsbaum (engl. Profitability Tree), der Klassiker in einem Strategieprojekt. Der Lösungsbaum zeigt verschiedene Wege auf mittels derer ein Unternehmen seine Rentabilität steigern kann. Die Kernfrage steht ganz links, unterteilt sich in Einnahmen und Ausgaben. Beide Blätter verästeln sich anschließend Ebene um Ebene weiter.

Vor- & Nachteile

Ein Issue Tree erlaubt Dir eine komplizierte Aufgabe systematisch auf Basis eines graphischen Modells anzugehen. Der Baum bringt die verschiedenen Ursachen eines Problems bzw. Aspekte einer Lösung in eine strukturierte und nachvollziehbare Form. Zudem hilft er unabhängige Arbeitsaufgaben zu formulieren und unter den Teammitgliedern aufzuteilen.

Ein Issue Tree macht keine Aussagen darüber, wie die Inhalte seiner einzelnen Blätter gefunden werden. Nutze dazu ergänzende Kreativitätstechniken. Auch stößt die Technik bei zu großen Informationsmengen an ihre Grenzen. Liegen zu viele Blätter vor, solltest Du das Problem bzw. die Lösung in Untereinheiten aufgliedern und separat bearbeiten.

Praxistipps

Tipp 1 – Ausschließend ja, erschöpfend nein
Mit etwas Übung kannst stellst Du sicher, dass sich alle Blätter einer Ebene Deines Issue Trees inhaltlich gegenseitig ausschließen. Viel schwieriger dagegen ist die Erfüllung der zweiten MECE-Anforderung: wann weißt Du, dass alle Blätter einer Ebene das Blatt auf der höheren Ebene erschöpfend definieren? Hierfür empfehle ich pragmatisches Augenmaß gepaart mit fachlichen Sachverstand. Dein Issue Tree muss einen Mehrwert stiften, dabei aber nicht perfekt sein. Modelle sind immer ein Kompromiss. Sie bilden nie alle Elemente der Realität ab, sondern verkürzen und abstrahieren.

Tipp 2 – Five-Whys
Du möchtest die tatsächliche Ursache eines Problems aufdecken? Nutze dazu eine Technik die bereits dem japanischen Automobilhersteller Toyota half, seine Fahrzeugfertigung zu optimieren. Stelle dazu einfach die Frage nach dem Warum. Hast Du den Grund identifiziert, fragst Du erneut nach dem Warum. Dann wieder. Wieder. Und schließlich wieder. Spätestens nach fünf Warum-Durchläufen solltest Du zum Kern des Pudels vorgedrungen sein.

Tipp 3 – Mathematische Erweiterung
Einen Lösungsbaum kannst Du zum Mathematischen Baum ausbauen. Ergänze dazu die Rechenoperation +, -, x und / zwischen den Blättern einer identischen Ebene. Insbesondere für Rentabilitätsbäumen ist diese Erweiterung ein Mehrwert. Beispielsweise ist die Wurzel ‚Gewinn' die Subtraktion aus ‚Umsatz' und ‚Kosten', der ‚Umsatz' das Produkt aus ‚Menge' und ‚Preis'. Stelle bei der Anreicherung sicher, dass mathematische Operationen zwischen den Blättern plausibel, korrekt und eindeutig sind.

Tipp 4 – Struktur-Recycling
Gerade bei neuen Disziplinen fällt es gelegentlich schwer, die Blätter eines Issue Trees sinnvoll zu gliedern. Bediene Dich in diesem Fall vorhandenen Unternehmensstrukturen. Das kann die existierende Organisationspyramide, die etablierten Ablaufstrukturen, das funktionierende Geschäftssystem, etc. sein. Gleichsam strukturgebend sind die W-Fragen, daher Wer, Wo, Was, Wie, Womit, etc..

Lesetipp
Unter der Videoplattform YouTube gibt es eine Menge englischsprachiger Clips, die Dir die Methode in wenige Minuten noch einmal visuell erklären.

Zusammenfassung

Verwende einen Issue Tree, wenn eine Herausforderung kompliziert bzw. eine Lösung vielgestaltig ist. Die graphische Struktur des Baumes schafft ein gemeinsames Verständnis zur Aufgabenstellung sowie eine klare Orientierung im Vorgehen. Zudem erlaubt Dir der Baum die Hypothesen für die Problemursachen bzw. die mit einer Lösung verbundenen Aufgaben systematisch offenzulegen. Aus meiner Erfahrung kann ich bestätigen: Beratungskunden, Teamkollegen und Vorgesetzte schätzen den klaren visuellen Aufbau eines Issue Trees.

Der Morphologischer Kasten – Lösungsräume klar darstellen

Magst Du Strukturen? Parameter, Ausprägungen und Kombinationen, die einen neuen oder existierenden Lösungsraum klar und nachvollziehbar beschreiben? Keine Angst – wir gleiten nicht ab in die graue Theorie. Vielmehr geht es um ein praxistaugliches Consulting Tool mit dem Du sowohl einen bestehenden Sachverhalt in seine Einzelteile zerlegen und darstellen als auch kreative Lösungen Bottom-up entwickeln kannst: der Morphologische Kasten. Neugierig? Dann mal los.

Zweck

Morphologischer Kasten? Was zu Beginn vielleicht stark nach langweiliger Theorie klingt, lässt sich in Beratungsprojekten perfekt für Analyseaufgaben einsetzen. Im Grunde geht es darum, einen vorhandenen oder neuen Sachverhalt in seine einzelnen Parameter zu zerlegen, je Parameter die möglichen Ausprägungen zu definieren und anschließend einen Raum von Lösungen aufzuspannen.

Liest sich kompliziert? Ist es aber nicht! Nutze die mit einem Morphologischen Kasten verbundene Morphologische Analyse um zum Beispiel…

- die Eigenschaften von neuen Produktangeboten auszugestalten,
- aktuelle Kundengruppen nach verschiedenen Bedarfen zu segmentieren oder
- verwendete Software-Lizenzmodelle gemäß ihren Merkmalen zu clustern.

Hinter dem Morphologischen Kasten steckt übrigens der Schweizer Physiker und Astronom Fritz Zwicky. In den 1950ern trieb er in Pasadena/Kalifornien die morphologische Forschung voran, konzipierte in diesen Jahren auch die Morphologische Analyse und den gleichnamigen Kasten. Zu Ehren des Erfinders nennen insbesondere die US-Amerikaner das Modell ‚Zwicky-Box'.

Im deutschsprachigen Raum sind auch die Begriffe ‚Ideen Box' oder ‚Morphologische Matrix' geläufig. Generell sind die Bezeichnungen ‚Box' bzw. ‚Matrix' aus meiner Sicht treffender als ‚Kasten', besitzt das Resultat doch zwei und nicht drei Dimensionen.

Aufbau

Herzstück der Morphologischen Analyse ist der Morphologische Kasten. Dabei handelt es sich um eine zweidimensionale Matrix in der alle Kombinationen von Parametern und möglichen Ausprägungen erfasst werden. Im Einzelnen:

- **Parameter (Zeile)**: Merkmale eines Produktes, Eigenschaften eines Problems, Teilfunktionen eines Systems, Einflussparameter eines Szenarios, Features eines Services, etc..
- **Ausprägung (Spalte)**: mögliche Instanzen eines Parameters. Jeder Parameter besitzt mindestens eine Ausprägung. Die Ausprägungen ‚Keine', ‚0', ‚Nicht' oder ähnlich sind ebenfalls erlaubt.
- **Lösung (eingefärbter Kasten)**: Festlegung einer Kombination von Ausprägungen, beispielsweise durch Einfärben der entsprechenden Zellen oder Verbinden der einzelnen Zellen von der ersten bis zu letzten Zeile mittels einer durchgezogenen Zickzacklinie.

Die Parameter und Ausprägungen sollten sich nicht überschneiden und den Sachverhalt im Optimum vollständig beschreiben. Dies erlaubt Dir später die Lösungen beliebig frei zu kombinieren. Auch ist der Lösungsraum als Gesamtheit aller kombinierbaren Lösungen auf diese Weise präziser.

Damit Dein Morphologischer Kasten auch handhabbar bleibt, beschränkst Du die Anzahl der Parameter und Ausprägungen auf eine einstellige Zahl. Eine Box mit 20 und mehr Zeilen bzw. Spalten ist vielleicht wissenschaftlich korrekt, in Beratungsprojekten jedoch nur selten zielführend.

Anwendung

1. Ziel definieren
Halte zunächst schriftlich fest, welches Ziel Du mit der Morphologischen Analyse und dem Kasten erreichen möchtest. Geht es um das Entwickeln einer innovativen Produktidee? Der Beschreibung der Charakteristika von Service-Merkmalen? Fixiere das Ergebnis, umso leichter gestaltet sich die anschließende Arbeit von Dir und Deinem Team.

2. Parameter identifizieren
Im zweiten Schritt analysierst Du den Sachverhalt und seine Bestandteile. Beispielsweise sind das bei einem Problem die Teilprobleme, bei einem Produkt die unterschiedlichen Komponenten. Notiere diese Parameter untereinander und achte darauf, dass diese fachlich konkret, für das Ziel konzeptionell relevant und unabhängig voneinander sind.

3. Ausprägungen entwickeln
Nun entwickelst Du die möglichen Ausprägungen pro Parameter. Notiere diese jeweils neben den zugehörigen Parametern. Erneut stellst Du sicher, dass sich die Ausprägungen nicht doppeln bzw. überschneiden. Zeile für Zeile entsteht Dein Morphologischer Kasten.

4. Lösungen analysieren
Nutze die entstandene Matrix zur Analyse und Bewertung von existierenden Lösungen und zur Kombination von neuen Lösungen. Suche Dir in beiden Fällen einen Pfad durch den Morphologischen Kasten, beginnend mit der ersten Parameterausprägung in Zeile 1 bis zur letzten Parameterausprägung in Zeile n.

Ziehe für die Bewertung einer Neukombination Expertenwissen, beispielsweise von Kundenmitarbeitern oder Kollegen hinzu. Diese Fachspezialisten können meist recht gut einschätzen, ob eine Kombination von Ausprägungen sinnvoll bzw. in der Praxis nicht realisierbar ist.

5. Lösung auswählen (optional)
Aus den möglichen Kombinationen kannst Du schließlich die optimale Lösung auswählen. Gleichsam möglich ist, dass Du drei favorisierte Lösungsvorschläge selektierst und dem Beratungskunden zur Entscheidung vorlegst.

Parameter	Ausprägungen			
Art	Reservierung		Buchung	
Reisegrund	Privat		Beruflich	
Zimmerart	Einzelzimmer	Doppelzimmer	Familienzimmer	Apartment
Anzahl Gäste	1	2	3	4
Verpflegung	Keine	Frühstück	Halbpension	Vollpension
Zahlungsart	Kreditkarte	SEPA Lastschrift	PayPal	Rechnung

Dr. Christopher Schulz | Consulting-Life.de

Der Morphologische Kasten für eine Hotelbuchung. Markiert die für einen Berater typische Kombination der Ausprägungen.

Obere Abbildung zeigt beispielhaft einen Morphologischen Kasten für die Buchung eines Hotelzimmers. Eingefärbt sind die für einen Unternehmensberater typischen Ausprägungen. Laut Kasten gültig (aber in der Praxis nicht anzutreffen) ist die Lösung Reservierung + Privat + Einzelzimmer + 4 Gäste + Keine + Rechnung. Für vier Personen verlangt der Hotelier in der Regel die Buchung eines Familienzimmers/Apartments oder mehrere Einzel-/Doppelzimmer.

Vor- & Nachteile

Speziell bei mehrdimensionale Sachverhalten spielt die Morphologische Analyse ihre Trümpfe aus. Du und Dein Team können ohne Vorkenntnisse starten und gemeinsam einen Aspekt in seine Teilelemente sowie dessen mögliche Ausprägungen zerlegen. Ergebnis der systematischen Herangehensweise ist eine übersichtliche Darstellung – der Morphologische Kasten.

Nicht jeder zu betrachtende Gegenstand lässt sich morphologisch zerlegen und analysieren. Erstens muss der Sachverhalt für eine Untersuchung zugänglich sein – eine Dekomposition eines Black-Box-Problems funktioniert nicht. Zweitens ist die Methode nur bei voneinander unabhängigen diskreten Parametern anwendbar.

Beachte ebenfalls, dass der Ansatz zwar den möglichen Raum an Lösungen definiert, nicht jedoch die Auswahl der optimalen Kombination unterstützt. Last but not least unterliegen die Gedanken von Dir und Deinem Team immer den vorgezeichneten Rahmen aus Parametern und Ausprägungen. Innovative Ideen – jenseits der fixierten Parametergrenzen – lässt das Konzept nicht zu.

Praxistipps

Tipp 1 – Klarheit hoch, Aufwand runter
Hast Du schon einmal einen Morphologischen Kasten für ein Automobil entwickelt? Bei der Analyse solltest Du locker auf 200+ Zeilen kommen! Zu groß. Zu unübersichtlich. Zu zeitintensiv. Benenne daher das Ziel der Methode so genau wie möglich. Verwende nicht den Oberbegriff „Neues Automobil", sondern die deutlich konkretere Absicht „Entwicklung kompaktes innerstädtisches 2-Personen Elektro-Automobil für den europäischen Markt als Zweitwagen".

Tipp 2 – Brainstorming Power
Die Morphologische Analyse lässt sich prima mit weiteren Kreativitätstechniken kombinieren. Beispielsweise kannst Du die Parameter und Ausprägungen mit Hilfe von mehreren Brainstorming Runden aufdecken. Auch die 6-Hüte Methode oder SCAMPER entfesseln das Potential der Ideen.

Tipp 3 – Solo oder Teamarbeit
Mehrschichtige Sachverhalte beackerst Du am besten in einer interdisziplinären Gruppe von drei bis 7 Personen. Im Team beleuchtest Du die Vielseitigkeit der Lösungen von unterschiedlichen Seiten. Bei der Suche nach Ausprägungen zu den erarbeiteten Parametern, kann das Hinzuziehen von zusätzlichen Akteuren ratsam sein. Diese Personen sind geistig noch unverbraucht und punkten mit ihrer Fachexpertise.

Tipp 4 – Einfach grenzenlos
Blende bei Kreativitäts-Workshops mit dem Morphologischen Kasten bewusst die Parameter ‚Finanzen' und ‚Technische Machbarkeit' aus. Diese Facetten sollten im Nachgang diskutiert werden. Fast alle Dinge sind heutzutage machbar und – wenn der Markt groß genug ist – auch wirtschaftlich rentabel.

Lesetipp
Insbesondere in akademischen Publikationen wirst Du regelmäßig auf einen Morphologischen Kasten stoßen. Unter Forschern ist die Darstellungsform sehr beliebt.

Zusammenfassung

Der Morphologische Kasten eignet sich besonders gut bei der Analyse komplizierter Konstellationsaufgaben. Nutze das Konzept immer dann, wenn Du den Aufbau eine aus Teilelementen bestehende Lösung strukturiert untersuchen und kompakt präsentieren möchtest.

7. Unternehmensmodellierung & Konzeption

Das Business Model Canvas – Geschäftsmodelle entwickeln

Nicht nur in Startups beschäftigen man sich mit der Neuentwicklung von innovativen Geschäftsmodellen. Auch Consulting Firmen führen im strategischen Auftrag ihrer Kunden die Ausarbeitung von Business Modellen durch bzw. stellen die Trag- und Zukunftsfähigkeit ihrer eigenen Wertschöpfung auf den Prüfstand. Als praxistauglich hat sich dabei das Business Model Canvas von Alexander Osterwalder und Yves Pigneur entpuppt.

Zweck

Wie bereits aus dem Namen hervorgeht dient das (bzw. der) Business Model Canvas dazu, dass Geschäftsmodell eines Unternehmens zu erfassen, zu analysieren und anschließend weiterzuentwickeln. Der englische Begriff ‚Canvas' steht dabei für Leinwand, bringt damit auf den Punkt um was es bei dem Modell primär geht: um das Visualisieren. Diese ist übrigens nicht nur auf die aktuelle Situation beschränkt. Das Modell kann sehr wohl auch für zukünftige Unternehmenszustände herangezogen werden.

Für Berater eignet sich das Modell bei strategischen Fragestellungen in denen es darum geht, mit dem Klienten gemeinsam das aktuelle Geschäftsmodell zu durchleuchten und Ansatzpunkte für Optimierungen zu identifizieren. Alternativ kannst Du das Business Model Canvas auch unternehmensintern heranziehen. Das heißt für eine multi-perspektivische Betrachtung von neuen Produkt- und Dienstleistungsideen, die ein Unternehmen an den Markt bringen könnten. Das Canvas dient Dir für beide Aufgaben als Ordnungsrahmen und roter Faden.

Aufbau

Das Business Model Canvas wird in einschlägiger Literatur ausführlich beschrieben. Daher hier zusammenfassend sein prinzipieller Aufbau. Das Modell besteht aus neun Bereichen, die in die vier Perspektiven Wertangebot, Kunde, Infrastruktur und Finanzen einsortiert werden.

1. Kundengruppen (engl. Customer Segments)
Die Zielgruppe des Produkts oder der Dienstleistung, also Personen die einen hohen Nutzen vom Angebot haben. Dabei muss der Nutzer nicht gleich der Kunde sein.

2. Wertangebot (engl. Value Propositions)
Problem des Kunden, welches das Produkt oder die Dienstleistung löst bzw. die Kundenbedürfnisse welche es befriedigt.

3. Kundenkanäle (engl. Channels)
Die verschiedenen Interaktionskanäle mit dem Kunden, zum Beispiel während der Marketing-, Vertriebs-, Leistungs- und Lieferungs- sowie After-Sales Prozesse.

4. Kundenbeziehungen (engl. Customer Relationships)
Die Gestaltung der Kundenbeziehung, insbesondere hinsichtlich der Gewinnung, dem Halten und dem Ausbau. Das reicht von individuell bis automatisiert, von intensiv bis sporadisch.

5. Einnahmequellen (engl. Revenue Streams)
Die aus den Value Wertangebot erzeugten Erlösströme sowie das Preismodell. Oft lassen sich aus einer Value Proposition auf verschiedenem Wege Geld verdienen (zum Beispiel Einmalzahlung vs. Abonnement).

6. Kernressourcen (engl. Key Resources)
Die für die Erfüllung der Wertangebote erforderlichen personellen, materiellen und finanziellen Kernressourcen.

7. Kernaktivitäten (engl. Key Activities)
Die für den Betrieb des Geschäftsmodells erforderlichen Haupttätigkeiten.

8. Kernpartner (engl. Key Partnerships)
Die zum Beispiel zwecks Risikominimierung und Skalierung erforderlichen wichtigsten Partnerschaften mit Nicht-Konkurrenten, Lieferanten, Herstellern und/oder Dienstleistern (inklusive Komplementärprodukte).

9. Kostenstruktur (engl. Cost Structure)
Kosten für die Ressourcen, Aktivitäten und Partner, daher Ausgaben, ohne die das Geschäftsmodell nicht laufen würde.

Ein gutes Business Modell enthält zudem die Autoren und das Datum der letzten Änderung. Die Erfinder Osterwalder und Pigneur empfehlen zudem den Empfänger sowie die Iterationsschleife auf dem Canvas zu notieren.

Anwendung

Die Entwicklung eines Canvas ist schnell erklärt. Das heißt aber nicht automatisch, dass die drei Schritte immer im leicht von der Hand gehen. Es kann durchaus vorkommen, dass Du Dich bei einigen Bereichen regelrecht festbeißt. Beispielsweise sind Kundenkanäle oder Kernaktivitäten beliebte Kandidaten, bei denen viel Zeit investiert werden kann. Ein gemeinsamer Durchlauf mit den Kollegen hilft, letztendlich auch diese Zellen zu befüllen.

1. Befüllen
Durchlaufe bei der Neuentwicklung einer Geschäftsidee oder der Aufnahme eines bestehenden Modells alle Felder des Canvas nacheinander und befülle diese. Handelt es sich um ein einfaches Modell, mit wenigen Komponenten geht das oft schnell. Kompliziertere Modelle benötigen Zeit.

2. Überprüfen
Bespreche das entstandene Business Model Canvas anschließend mit einer Handvoll Kollegen, am besten solchen, die den Ansatz kennen. Gemeinsam feilt ihr dann am Modell, fügt Elemente hinzu, passt existierende an oder entfernt vorhandene.

3. Diskutieren
Stelle das Modell final in großer Runde vor. Gemeinsam entscheidet ihr dann, ob ihr in die Detailanalyse der Felder wie zum Beispiel Kosten oder Kernaktivitäten geht.

Wie der Wettbewerb, die Kunden und die Rahmenbedingungen sich ändern, so entwickelt sich auch das Geschäftsmodell weiter. Das Business Model Canvas ist daher nicht in Stein gemeißelt, sondern sollte in regelmäßigen Abständen aktualisiert werden.

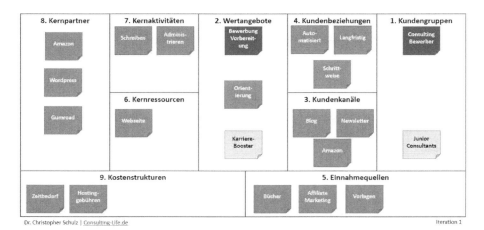

Geschäftsmodell von Consulting-Life.de, modelliert mit dem Business Model Canvas

Die Abbildung zeigt beispielhaft das Business Canvas Model für Consulting-Life.de, Stand 12/2017. Die Initialfassung des Modells habe ich in unter einer Stunde erstellt, das Ergebnis dann mit zwei guten Freunden besprochen. Feedback zum Geschäftsmodell gerne an mich.

Vor- & Nachteile

Das Business Model Canvas ist ein einfach zu implementierender, intuitiv verständlicher Ansatz zur Aufnahme und Analyse bestehender und neuer Geschäftsmodelle. Klarer Pluspunkt ist der Fokus auf Visualisierung, am besten mit Stift und Papier oder am Whiteboard. Bereits nach wenigen Iterationen allein oder im Team ist klar, welche Eigenschaften das angedachte Geschäftsmodell auszeichnet und worin dessen Annahmen bestehen.

Natürlich ist auch dieses Modell nicht perfekt. Vergeblich sucht man im Canvas von Osterwalder und Pigneur den Wettbewerb und die Kontextfaktoren (Gesetze, Trends, Industrieentwicklung, etc.). So bleibt das Business Model Canvas eher ein auf den Kunden und das Innere des Unternehmens gerichtete Modell ohne Berücksichtigung der Außenwelt. Persönlich fällt mir die Abgrenzung zwischen den Feldern Kundensegmente und Kundenkanäle nicht immer leicht. Andere Konzepte fassen beide Elemente als unter dem Begriff ‚Touchpoint' zusammen.

Praxistipps

Tipp 1 – Startpunkt Kundensegment
Ohne Kunde, kein Geschäftsmodell. Starte Deine Überlegungen mit den Kunden und leite dann direkt über zum Wertangebot. Mit Kernaktivitäten und -partner beschäftigst Du Dich später.

Tipp 2 – Prägnantes Wertangebot
Nimm bei der Definition des Wertangebots unbedingt die Perspektive Deines Kunden ein. Dieser zahlt nicht dafür, was Du kannst, sondern welchen Nutzen er aus Deinem Angebot mitnimmt.

Tipp 3 – Kunde ≠ Partner
Ein Kunde bezahlt für die Value Proposition, ein Partner unterstützt bei dessen Erbringung. In manchen Fällen musst Du beim Kunden zusätzlich in Nutzer und Bezahler differenzieren.

Tipp 4 – Impliziter Wettbewerb
Ein regelmäßig aufgeworfener Kritikpunkt am Business Model Canvas ist das Fehlen eines Wettbewerbsbereiches. Wichtig hier: der Canvas ist eine interne

Sicht auf das Unternehmen. Zu Konkurrenten kannst Du Dich implizit über das Wertangebot, die Kundenkanäle, etc. abgrenzen.

Tipp 5 – Wertangebot ≠ Einnahmequellen
Vermeide es in den Einnahmeströmen nutzenversprechende Elemente hineinzugeheimsen. Das Wertangebot enthält den Kundennutzen (zum Beispiel Verfügbarkeit), die Einnahmequellen die Art und Weise wie der Kunde bezahlt.

Tipp 6 – Akquise & Kundenbeziehungen
Speziell wenn Du mit einer Geschäftsidee neu startest, fällt es schwer, im Bereich Kundenbeziehungen nicht einmalige Akquisitionsvorhaben abzulegen. Trenne strickt zwischen laufender Beziehungspflege und einmaliger Marketingkampagne.

Tipp 7 – Jeder Disziplin ihr Canvas
Change Canvas, Lean Canvas, System Footprint – inzwischen gibt es für fast jede Domäne einen eigenen Canvas. Prüfe vor der Anwendung des Business Model Canvas, ob es nicht für Deine Fragestellung einen besseren Bezugsrahmen gibt.

Lesetipp
Möchtest Du den Business Model Canvas weiter vertiefen, dann empfehle ich Dir das Werk ‚Business Model Generation' der beiden Erfinder von Alexander Osterwalder und Yves Pigneur.

Zusammenfassung

Insbesondere seine Kompakt- und Einfachheit haben den Siegeszug des Business Model Canvas für Entrepreneure, Innovatoren und Strategieberater begründet. Schnell lassen sich auf einem großen Flipchart die Gedanken und Ideen der Gruppe auf Post-Its festhalten, in die verschiedenen Felder kleben und diskutieren. Bei einem gut gefüllten Canvas sollte es aber nicht bleiben. Nicht minder wichtig ist die tatsächliche Umsetzung auf Basis eines Umsetzungsplans. Dabei dient das Business Model Canvas als Orientierung – dem Big Picture.

Das Five Forces Modell – die Branche systematisch bewerten

Für Betriebswirte ist es ein Klassiker, fast schon eine ‚olle Kamelle': Porter's Five Forces Modell. Falls Du das Fünf-Kräfte-Modell von Michael E. Porter kennst (und auch kannst), dann sei so frei und überspring dieses Consulting Werkzeug. Falls Du jedoch – wie ich – nicht BWL studiert hast, Deine Wirtschaftskenntnisse bzgl. des Branchenanalysetools noch einmal auffrischen möchtest oder nützliche Anwendungstipps suchst, dann ist dieser Beitrag genau das Richtige für Dich.

Zweck

Eines ist klar: Michael Eugene Porter hat sich mit seinem Five Forces Modell in Wissenschaft und Wirtschaft ein leuchtendes Denkmal errichtet. Als er Anfang der 1980er Jahre sein Buch ‚Competitive Strategy' herausbrachte, ahnte der US-amerikanischer Ökonom und Universitätsprofessor sicherlich noch nicht, dass Millionen von Wirtschaftsstudenten sein Modell für die Abschlussprüfung büffeln würden. Auch Jahrzehnte nach seiner Entwicklung nutzen Unternehmen das Fünf-Kräfte-Modell insbesondere zu Beginn der strategischen Bewertung eines Marktes.

Der Grundgedanke ist, dass sich die Profitabilität einer Branche vor allem durch dessen Struktur definiert. Diese beeinflusst die Wettbewerbsstrategie der beteiligten Unternehmen, die ihrerseits wiederum die Marktstruktur prägen. Doch nun genug der theoretischen Wechselwirkungen. Kommen wir zum Kern des Modells, den namensgebenden Five Forces.

Aufbau

Nach Porters Modell bestimmen fünf Wettbewerbskräfte die Attraktivität einer Branche. Je stärker die Kräfte, desto unattraktiver ist die Branche für ein Unternehmen und desto schwieriger ist es, einen Vorteil gegenüber Wettbewerbern zu erringen.

1. Rivalität unter brancheninternen Wettbewerbern (engl. Industry rivalry)
Konkurrenz zwischen Marktbegleitern gleicher Branche ist die zentrale Triebkraft im Five Forces Modell. Die Intensität des Wettbewerbes ist hoch, wenn...

- die Branche nur langsam wächst,
- viele Wettbewerber mit diversifizierten Angeboten existieren,
- die Geschäftsmodelle der Wettbewerber fast identisch sind,
- die Wettbewerber ihre Angebotskapazität nur in großen Volumen erhöhen können,
- die Branche von hohen (rechtlichen, geopolitischen, etc.) Risiken geprägt ist bzw.

- hohe (emotionale, wirtschaftliche, etc.) Marktaustrittsbarrieren existieren.

2. Bedrohung durch neue Anbieter (engl. Potential entrants)
Neue Anbieter treffen mit ihren zusätzlichen Angebotskapazitäten auf eine bestehende Marktnachfrage. Bleibt diese konstant, drückt das die Rendite aller Marktteilnehmer. Die Bedrohung durch neue Anbieter ist groß, wenn...

- die Abnehmerbranche nur geringe Kosten beim Anbieterwechsel eingehen muss,
- das erforderliche Kapital für den Eintritt gering ist bzw. zurückgewonnen werden kann,
- der sich Zugang zu Vertriebskanäle einfach und kostengünstig gestaltet,
- die Skaleneffekte bei der Erzeugung und Vertrieb des Angebots gering ausfallen,
- es sich um standardisierte und am Markt bekannte Angebote handelt die wenig Marketing erfordern bzw.
- es anderweitig keine bis wenige Kostennachteile für einen neuen Anbieter gibt.

3. Verhandlungsstärke der Lieferanten (engl. Bargaining power of suppliers)
Verhandlungsstarke Lieferanten können ihre Angebotspreise erhöhen und damit die Profitabilität einer Abnehmerbranche reduzieren, falls diese die gestiegenen Kosten nicht an die eigenen Märkte weitergeben kann. Eine Lieferantenbranche gilt gegenüber einer Abnehmerbranche als verhandlungsstark, wenn...

- diese mit wenigen Unternehmen stark konzentriert ist,
- für ihre Angebote eine geringe Substitutionsgefahr besteht,
- ihr Angebot ein wesentlicher Beitrag für die Abnehmerbranche darstellen,
- für sie die Abnehmerbranche wirtschaftlich nicht relevant ist bzw.
- sie mit einer Vorwärtsintegration in die Abnehmerbranche drohen könnte.

4. Verhandlungsstärke der Abnehmer (engl. Bargaining power of buyers)
Verhandlungsstarke Abnehmer können die Preise drücken, bessere Qualität durchsetzen oder erweiterte Angebotsumfänge erzwingen. Eine Abnehmerbranche gilt gegenüber einer Lieferantenbranche als verhandlungsstark, wenn...

- diese stark konzentriert ist bzw. relativ betrachtet große Volumen einkauft,
- die von der Lieferantenbranche bezogenen Angebote stark substituierbar sind,

- sie nur geringe Kosten bei Wechsel des Lieferanten in Kauf nehmen muss,
- sie nur wenig profitabel ist,
- sie umfangreiche Informationen über die Lieferantenbranche besitzt bzw.
- sie mit einer Rückwärtsintegration in die Lieferantenbranche drohen könnte.

5. Bedrohung durch Ersatzangebote (engl. Threat of substitutes)
Ein Ersatzangebot bzw. Substitut löst bei der Kundenbranche das gleiche Problem, befriedet den gleichen Bedarf oder führt die gleiche Aufgabe aus wie das Originalangebot. Ein Ersatzangebot begrenzt die möglichen Gewinne einer Branche. Es setzt eine absolute Grenze für den Preis, welchen die Branche für ihr Angebot fordern kann. Der Einfluss von Substituten ist groß, wenn...

- nur eine geringe ausgeprägte Angebotsloyalität im Markt herrscht,
- die Umstellungskosten vom Original auf das Substitut gering ausfallen,
- die Preise des Originals relativ hoch sind und Leistungsabstriche beim deutlich günstigeren Substitut akzeptiert werden bzw.
- Lizenzen und Patente für das Original auslaufen.

Was unterscheidet nun nach Porter's Five Forces Modell erfolgreiche Unternehmen von ihren weniger erfolgreichen Begleitern? Erfolgreiche Unternehmen...

- sind in einer attraktiven Branche mit schwachen Kräften tätig,
- bauen eine verteidigungsfähige Position in ihrer Branche auf, also eine Situation, in der die fünf Wettbewerbskräfte eine geringe Intensität aufweisen und
- wirken selbst aktiv auf die Stärken der fünf Kräfte durch ihre strategisch gewählte Ausrichtung ein.

Anwendung

1. Zielbranche festlegen
Definiere zunächst die Branche für welche Du das Five Forces Modell anwenden willst. Wähle Umfang und Detailtiefe mit Bedacht. Geht es um die Restaurantbranche? Oder nur um die Fast-Food-Industrie? Sind vielleicht ausschließlich solche Unternehmen im Fokus, die Burger & Pommes verkaufen.

2. Kräfte erfassen
Identifiziere als nächstes nacheinander die fünf Kräfte der Zielbranche. Daher: wer oder was sind die Wettbewerber, neuen Anbieter, Lieferanten, Abnehmer und Ersatzprodukte? Arbeite die strukturellen Eigenschaften heraus und bewerte

diese (zum Beispiel: Intensität schwach, mittel bzw. hoch). Nutze Sekundärquellen um die Aussagen mit Fakten abzusichern.

3. Analyse konsolidieren
Fasse die Analyseergebnisse der fünf Kräfte in eine Übersicht zusammen. Erkennst Du Wechselwirkungen und Abhängigkeiten? Ebenfalls lohnt es sich, über die Veränderungen der Kräfte nachzudenken. Wie wandelt sich die Verhandlungsstärke der Abnehmer aufs gesamte Jahr betrachtet? Besitzt der Lieferantenmarkt auch in fünf Jahren noch seine heutige Struktur?

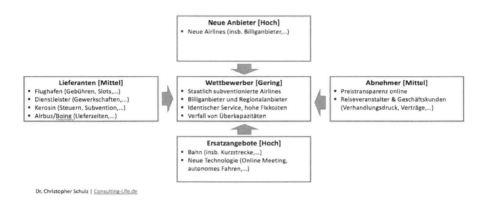

Porters Five Forces Modell angewendet auf die Luftfahrtbranche

Obere Abbildung zeigt das Five Forces Model angewendet auf die Airline Industrie. Die Punkte sind nur beispielhaft und keinesfalls vollständig.

Vor- & Nachteile

Das Five Forces Modell von Porter hilft Dir die Wettbewerbssituation in einer einzelnen Branche systematisch und umfassend zu betrachten. Das Consulting Tool wurde langjährig erprobt, seine Anwendung ist robust. Viele Beratungskunden und Entscheider kennen das Konzept und wissen um die Bedeutung seiner Begriffe. Das erleichtert Dir nicht nur die Analysearbeit, sondern auch die anschließende Kommunikation.

Nichtsdestotrotz hat das Tool auch Schwächen. Das Modell repräsentiert immer nur eine Momentaufnahme. Für Branchen mit höherer Wettbewerbsdynamik und starken wechselseitigen Abhängigkeiten ist es nicht geeignet. Auch betrachtet Porters Konzept nicht die Kooperation von Lieferanten und Anbieter im Rahmen von Komplementärangeboten. Zum Beispiel liefert die Erdölindustrie Treibstoff für ihren Partner die Fahrzeughersteller. Ohne Öl (fast) keine Fahrzeug-Mobilität, ohne Fahrzeuge (fast) kein Ölverbrauch.

Praxistipps

Tipp 1 – Die heimliche 6te Kraft
Obwohl Regierungen im Five Forces Modell nicht als eigenständige Kraft aufgeführt sind, beeinflussen sie dennoch wesentlich die fünf Kräfte. In vielen Branchen stellen Regierungen ebenfalls die Abnehmer (zum Beispiel: Verteidigungsindustrien) oder Lieferanten (zum Beispiel: Holz) bzw. wirken auf diese mittels ihrer Gesetzgebung. Auch können Gesetzte die Situation einer Branche bzgl. Eintrittsbarrieren oder Substitute positiv oder negativ beeinträchtigen. Beziehe daher in Deiner Analyse auch die politischen und gesetzlichen Rahmenbedingungen ein.

Tipp 2 – Außerhalb der Branchengrenzen
Insbesondere bei Wettbewerbern und Ersatzangeboten reicht es oft nicht, wenn Du nur die Zielbranche untersuchst. Gerade in digitalen Zeiten lösen sich die Branchengrenzen immer mehr auf. Ein vormals weit entferntes Unternehmen kann mit seinem Angebot plötzlich in direkte Konkurrenz treten, da es das gleiche Grundproblem adressiert. Fasse den Branchenbegriff am Ende Deiner Analyse bewusst etwas weiter und Du wirst neue Aspekte erkennen.

Tipp 3 – PESTEL > Five Forces > SWOT
Eine aus meiner Erfahrung gute Reihenfolge ist PESTEL > Five Forces > SWOT. Zunächst betrachtest Du branchenübergreifend des Unternehmensumfeldes mittels dem PESTEL Framework. Die Ergebnisse sind Input für Dein Five Forces Modell. Dessen Resultate fließen in einem dritten Schritt in eine SWOT-Analyse ein, wobei die Kräfte beschrieben werden, die von der externen Umwelt auf das Unternehmen einwirken.

Tipp 4 – Die größte Kraft
Schließlich solltest Du Dir die Frage stellen, welche Kraft die Attraktivität Deiner Zielbranche am stärksten beeinflusst. Falls die Intensität dieser Kraft steigt oder fällt, wächst bzw. schrumpft auch gleichzeitig die Profitabilität für die teilnehmenden Unternehmen. Sondiere diese Kraft und überlege, wie diese beeinflusst werden könnte.

Lesetipp
Falls Du gerne auf Spurensuche gehst, dann kann ich Dir den ursprünglichen Artikel ‚The five competitive forces that shape strategy' von Michael E. Porter ans Herz legen. 2008 hat das englischsprachige Magazin Harvard Business Review den Beitrag neu aufgelegt.

Zusammenfassung

Wettbewerb geht nicht nur vom direkten Konkurrenten aus. Das ist die vielleicht wichtigste Erkenntnis des Five Forces Modell von Michael E. Porter. Auch wenn es bereits knapp 40 Jahre auf dem Buckel hat, so hat das Werkzeug nichts von seiner Nützlichkeit für eine Branchenanalyse verloren.

Das PESTEL Framework – das Geschäftsumfeld analysieren

Du berätst in einem Strategieprojekt? Besteht Deine Aufgabe darin, strukturiert die Umgebung eines Unternehmens zu bewerten? Oder systematisch Trends und Entwicklungen für neue Geschäftsmodell-Ideen zu identifizieren? Dann ist das PESTEL Framework eine interessantes Consulting Tool für Dich.

Zweck

Regelmäßig möchten Unternehmen mit ihrem Angebot in attraktive Märkte expandieren oder neue Prozess-, Produkt- und Geschäftsmodell-Innovationen realisieren. Statt ins kalte Wasser zu springen, Risiken einzugehen und Ressourcen zu verbrennen, steht zu Beginn solcher Vorhaben die geordnete Analyse der bestehenden Makro-Umgebung. Nützlich hierfür ist das PESTEL Framework, manchmal auch PESTLE oder LEPEST Framework abgekürzt.

Die Buchstaben des Akronyms PESTEL bezeichnen die sechs Bereiche die Du bei der Umgebungsanalyse eines Unternehmens betrachtest: **P**olitical, **E**conomic, **S**ocio-Cultural, **T**echnological, **E**cological und **L**egal. PESTEL erlaubt Dir, ein 360°-Bild des Unternehmensumfeldes zu konstruieren. Du entwickelst ein Verständnis, ob ein Markt auf einem auf- oder absteigenden Ast ist, welches Potential ein unternehmerischer Vorstoß hätte und welche strategische Positionen lukrativ bzw. weniger aussichtsreich wären.

Aufbau

Die sechs Buchstaben von PESTEL stehen für seine sechs Fokusbereiche. Nachfolgend eine (unvollständige) Liste von Leitfragen, die Dich bei der Einschätzung eines Unternehmensumfeldes unterstützen.

Political (dt. politisch)

- Wie politisch stabil, sicher, korrupt, etc. ist das Umfeld?
- Welche Subventionen bzw. Handelshemmnisse bestehen?
- In welche Bereiche, Prozesse oder Produkte investiert der Staat seine Mittel?

Economic (dt. wirtschaftlich)

- Wie hoch ist das Wirtschaftswachstum, die Arbeitslosigkeit, die Inflation, etc.?
- Auf welche Art werden Unternehmen und Bürger besteuert?
- Wie groß fallen Zinsen und Wechselkurse aus?

Socio-Cultural (dt. soziokulturell)

- Auf welchem Niveau rangieren der Bildungsstand und das Einkommen?
- Welche demographischen Einflüsse, Kultur und Werte sind vorherrschend?
- Wie hoch ist das Bevölkerungswachstum?

Technological (dt. technologisch)

- Was sind die vorherrschenden Trends in Forschung & Entwicklung?
- Welche Branchen und Bereiche sind auf welche Weise besonders innovativ?
- In welchen Produkten und Services besteht eine führende Rolle?

Ecological (dt. ökologisch)

- Wie wird mit Klimawandel oder Umweltverschmutzungen umgegangen?
- Welche Maßnahmen werden zum Schutz der Pflanzen- und Tierwelt angewandt?
- Wie tief ist ein Geist der Nachhaltigkeit verankert bzw. wird dieser gelebt?

Legal (dt. rechtlich)

- Welche Wettbewerbsaufsicht existiert?
- Wie gestalten sich die Steuerrichtlinien, wie die Gesetzgebung?
- Welchen Einfluss besitzen Arbeitsnehmervertretungen?

Zwischen den einzelnen Bereichen bestehen wechselseitige Abhängigkeiten. Das heißt: eine Änderung in einem Bereich kann (muss aber nicht) zu Veränderungen in anderen Bereichen führen. Beispielsweise können technologische Veränderungen soziokulturelle Folgen haben oder politische Entscheidungen die ökonomische Entwicklung beeinflussen.

Anwendung

1. Zweck festlegen

Bevor Du Dich an die Arbeit machst, solltest Du den Zweck Deiner PESTEL Analyse schriftlich fixieren. Wem dienen die gewonnenen Informationen mit welchem Wissensbedarf? Geht es um die Einführung eines neuen Produktes? Um eine neue Partnerschaft? Einer vielversprechenden Zweigniederlassung? Der übergeordnete Standpunkt beeinflusst Quellen, Vorgehen und Ergebnisse maßgeblich.

2. Informationen erfassen
Auf Basis der Leitfragen identifizierst Du in einem zweiten Schritt relevante Informationsquellen. Da können offizielle Dokumente, Marktstudien, Fachbücher, Branchenwebseiten, etc. sein. Breite geht vor Tiefe. Daher: recherchiere nicht zu detailliert, sondern wähle lieber einen großen Betrachtungsumfang.

3. Bereiche analysieren
Analysiere jeden einzelnen Bereich auf Basis der Leitfragen und der zu Tage geförderten Infos. Halte die Kernfakten fest und hinterlege die Quellen. Überlege Dir auch die Eintrittswahrscheinlichkeit für die einzelnen Faktoren sowie damit verbundene Implikationen für das Unternehmen.

4. Ergebnisse weiterverwenden
Die Ergebnisse einer PESTEL Analyse darfst Du (bzw. Deine Beraterkollegen) in Folgeuntersuchungen gerne aufgreifen. Beispielsweise kannst Du die identifizierten Chancen und Risiken bei einer SWOT Analyse einbringen oder als Grundlage für Geschäftsmodell-Ideen bzw. Porter's Five Forces Modell heranziehen.

Political	Economic	Socio-Cultural
• Regionale Transport- und Energiepolitik • Offenheit für Handel und Investitionen • Politische Stabilität • …	• Kontinuierliches Wachstum der Weltwirtschaft • Ökonomische Stabilität • Anhaltende Nachfrage nach Fahrzeugen • …	• Urbanisierung • Wachsende mittlere Bevölkerungsschicht • Ökologische Lebenseinstellung • Wunsch nach Komfort und Einfachheit • …
Technological	**Ecological**	**Legal**
• Elektrischer und hybrider Antrieb • Autonomes Fahren • Solar- und Batterieinfrastruktur • Smartphone Apps und Software • ….	• Klimawandel • Luftverschmutzung • Wiederverwertung von Fahrzeugabgasen • Fahrzeugrecycling • …	• Handels und Investitionsabkommen • Gewerkschaften • Co2-Steuern • Klimaschutzvorgaben & -verträge • …

Dr. Christopher Schulz | Consulting-Life.de

Ist-Marktumfeld Europa Automobilhersteller Toyota (Auszug)

Die Abbildung zeigt Dir ein Beispiel für das PESTEL Framework. Die Tabelle untersucht das aktuelle europäische Marktumfeld für den japanischen Automobilhersteller Toyota.

Vor- & Nachteile

Das PESTEL Framework eignet sich gut für die strategische Umfeldanalyse eines Unternehmens. Mit ihm spürst Du systematisch wichtige makroökonomische Trends und Chancen auf, entdeckst wesentliche Einflussfaktoren auf eine Organisation. Das Praktische dabei: PESTEL lässt sich direkt wie eine Checkliste nutzen. Das vereinfacht die Anwendung und Kommunikation.

Jedoch hat auch das PESTEL Framework seine Grenzen. Der Ansatz erklärt nicht, welche Implikationen sich aus bestimmten Trends und Entwicklungen für ein Unternehmen ergeben. Auch lässt PESTEL offen, wie eine Organisation vorzugsweise auf einen Faktor reagieren sollte. Schließlich gestaltet sich Informationsrecherche trotz Internet regelmäßig als sehr mühsam, speziell wenn es um Detailfragen eines Bereichs geht.

Praxistipps

Tipp 1 – Mehrmalige Anwendung
Einmal ist gut, mehrmals ist besser. Gerade bei langlaufenden Strategieprojekten solltest Du die PESTEL Analyse wiederkehrend ausführen. Auf diese Weise erkennst Du Änderungen und Entwicklungen im Umfeld. Bekanntlich dreht sich die Welt weiter, politische Rahmenbedingungen ändern sich bzw. eröffnen sich fortwährend neue technologische Möglichkeiten.

Tipp 2 – Variationen erlaubt
Vielleicht ist Dir das PESTEL Framework unbekannt, Du hast jedoch bereits von der STEP (Sociological, Technological, Economic and Political Change) oder STEEP (wie STEP nur zusätzlich mit Environmental) Analyse gehört. Dabei handelt es sich immer um die Anfangsbuchstaben der zu betrachtenden Umfeldbereiche. Scheue Dich nicht, das Framework bei Bedarf auf Kunde, Projekt, Rahmenbedingungen, etc. anzupassen.

Tipp 3 – PESTEL vs. SWOT
Mit dem PESTEL Framework untersuchst Du ein (meist umfangreiches und oft auch komplexes) Marktumfeld mit einem spezifischen Zweck im Hinterkopf. Die SWOT Analyse unterstützt Dich darin, die internen und externen Vor- und Nachteile einer spezifischen Geschäftsidee näher zu beleuchten. Nutze erst PESTEL und steige anschließend mit SWOT in die Details.

Tipp 4 – PESTEL + ‚I'
Möchtest Du mit der Umgebungsanalyse gesondert auf die Industrie eingehen, dann fügst Du zu PESTEL einfach ein ‚I' (wie Industrial) hinzu. Leitfragen wären beispielsweise: Welche Wettbewerber gleicher Industrie gibt es? Welchen spezifischen Gesetzen unterliegt die Branche? Für eine umfassende Industrieanalyse empfehle ich Dir Porter's Five Forces.

Lesetipp
Bei meinen Recherchen zum Consulting Tool bin ich auf das nützliche eBook ‚PESTLE Analysis – Strategy Skills' von Team FME gestoßen. Das englischsprachige Büchlein enthält eine Menge weiterer Leitfragen und Tipps zur Anwendung des Frameworks. Es ist kostenfrei im Web unter der ISBN 978-1-62620-998-5 erhältlich.

Zusammenfassung

Die externe Umgebung eines Unternehmens zu untersuchen ist keine neue Aufgabe für Consultants. Eine gute Struktur liefert Dir das PESTEL Framework. Mit ihm analysierst Du, welche Umfeldfaktoren relevant sind und welche vernachlässigt werden können.

Woher das Framework kommt oder wer der Erfinder ist, konnte ich nicht herausfinden. Falls Du hier mehr weißt, freue ich mich über eine kurze Nachricht.

Die RACI Matrix – die Verantwortungen eindeutig zuweisen

Ob in Projekten oder der Linie: Aufgaben und Prozesse brauchen klare Verantwortlichkeiten. Sonst bleiben sie liegen. Oder werden bestenfalls nur oberflächlich nebenbei erledigt. Doch wie stellt man klare Verhältnisse her? Falls Du als Berater im Projekt- oder Prozessmanagement unterwegs bist, sollte Dir dazu ein Tool auf jeden Fall vertraut sein: die RACI Matrix.

Zweck

Was hat eine Wohngemeinschaft (WG) und ein Unternehmen gemeinsam? Wenn keiner eine Aufgabe explizit zugewiesen bekommt, dann erledigt sie im Zweifelsfall auch keiner. Das gilt für den ungeliebten Abwasch in einer WG gleichermaßen wie für die Aufgaben in einem Projekt.

Abhilfe schafft hier eine RACI Matrix. RACI ist dabei ein englischsprachiges Akronym für die vier Attribute **R**esponsible (verantwortlich), **A**ccountable (rechenschaftspflichtig), **C**onsulted (konsultiert) und **I**nformed (informiert). Mit einem Blick auf eine RACI Matrix erfährt ein Leser, welche Rolle für eine Aktivität verantwortlich bzw. an dieser anderweitig beteiligt ist. Das schafft Übersicht und klare Verbindlichkeiten. Ideal für eine hohe Produktivität.

Aufbau

Wie eine gewöhnliche Matrix besteht auch die RACI Matrix aus zwei Dimensionen: den Zeilen und Spalten. Diese spannen ein Tableau von Zellen auf.

- In der ersten **Spalte** sind die Aktivitäten notiert. Falls möglich, sollten diese in der Reihenfolge der Fertigstellung aufgelistet werden. Gelingt dies nicht (zum Beispiel aufgrund von Parallelität) reicht es aus, einfach alle relevanten Tätigkeiten zu erfassen.
- Die erste **Zeile** enthält die in den Aktivitäten agierenden Rollen. In Projekten oder der Linienorganisation übernimmt mindestens eine Person eine oder mehrere dieser Rollen. Der Vorteil von Rollen gegenüber konkreten Personen liegt auf der Hand: eine Rolle macht die RACI Matrix zeitlos.
- Schließlich sind die **Zellen** die Kreuzungspunkte zwischen einer spezifischen Aktivität und einer Rolle. Sie legen fest, in welcher Beziehung eine Rolle zu einer Aktivität steht.

Wichtig ist, dass Du die in der Matrix aufgeführten Aktivitäten und Rollen mit Deinem Kunden und den Teamkollegen abstimmst. Personen die eine der notierten Rollen übernehmen, sollten ein einheitliches Verständnis darüber besitzen, was unter der Aktivität und ihren Ergebnissen zu verstehen ist.

Der Inhalt einer Zelle definiert wiederum, ob eine spezifische Rolle...

- ...bzgl. Durchführung & Ergebnis einer Aktivität **verantwortlich** ist (engl. Responsible). In Projekten sind das meist die Teammitglieder, in Prozessen hingegen die Mitarbeiter.
- ...bzgl. Durchführung & Ergebnis einer Aktivität **rechenschaftspflichtig** ist (engl. Accountable). Überlicherweise ist das der Projektleiter bzw. der Prozesseigentümer.
- ...vor, nach und/oder während der Aktivität **konsultiert** werden muss (engl. Consulted). Häufig handelt es sich hier um Wissensträger oder Entscheider mit welchem bidirektional, daher in beide Richtung, kommuniziert wird.
- ...vor, nach und/oder während der Aktivität **informiert** werden muss (engl. Informed). Übliche Kandidatenrollen sind Projektleiter oder Betriebsrat. Mit diesen wird unidirektional – in eine Richtung – kommuniziert.

Minimal ist eine Zelle leer – die Rolle hat für eine Aktivität keine Bedeutung. Maximal enthält eine Zelle die zwei Buchstaben ‚R' und ‚A' – die Rolle ist verantwortlich und rechenschaftspflichtig zugleich.

Worin besteht nun der Unterschied zwischen verantwortlich und rechenschaftspflichtig? Wenn eine Rolle verantwortlich ist, dann kümmert sie sich (operativ) um die Umsetzung der Aktivität. Ist sie hingegen rechenschaftspflichtig, steht sie für die (finanziell bzw. rechtlich) korrekte Umsetzung gerade. Sie prüft, genehmigt bzw. billigt die Aktivität.

Varianten der RACI Matrix bedienen sich zusätzlicher Buchstaben. Beispielsweise nutzt CAIRO ein ‚O' um anzuzeigen, dass eine Rolle explizit von einer Aktivität ausgeschlossen ist. In RASCI kann eine Rolle eine Aktivität unterstützen bzw. für diese die notwendigen Betriebsmittel bereitstellen. Dies wird mit dem ‚S' für Supportive angezeigt.

Anwendung

Eine RACI Matrix erstellst Du in drei simplen Schritten.

1. Zunächst hältst Du die **Rollen und Aktivitäten** in der ersten Zeile bzw. Spalte fest.

2. Anschließend durchläufst Du für die erste Aktivität alle Rollen und legst fest, in welcher **Beziehung** sie zu Durchführung und Ergebnis der Aktivität stehen.
3. Im finalen Schritt bringst Du die Matrix mit Kunden und Kollegen zur **Abstimmung**.

Fertig. So einfach. Das heißt nicht automatisch, dass es auch schnell geht.

Achte darauf, dass für eine Aktivität genau eine Rolle verantwortlich ist. Gleiches gilt für rechenschaftspflichtig – „Es kann nur einen geben" lautet das Prinzip des Highlanders.

Die Abbildung zeigt eine vereinfachte RACI Matrix aus einem Softwareentwicklungsprojekt. Für jede der sechs Aktivitäten ist der Projektleiter rechenschaftspflichtig. Je nach Aktivität ist eine andere Rolle verantwortlich, muss informiert bzw. konsultiert werden.

	Projekt-leiter	Business Analyst	Software Entwickler	Software Tester	Software Trainer	Release Manager
Analyse durchführen	A	R	I	I		
Spezifikation anfertigen	A	R	C	I	I	
System entwickeln	A	C	R	C	I	I
Tests durchführen	A	C	C	R	I	I
Nutzer trainieren	A				R	I
System ausrollen	A				C	R

Dr. Christopher Schulz | Consulting-Life.de   Legende: R...Responsible | A...Accountable | C...Consulted | I...Informed

Beispiel einer RACI Matrix für ein Softwareentwicklungsprojekt

Vor- & Nachteile

RACI Matrizen sind ein prima Tool um eindeutige Verhältnisse zu schaffen. Rollen, Aktivitäten sowie deren Zuordnung werden endlich transparent und nachvollziehbar. Weitere Anwendungsfelder sind Kommunikationspläne oder das Change Management.

Großes Manko liegt in der für eine RACI Matrix erforderlichen Zeit. So können für das initiale Ausfüllen locker mehrere Stunden vergehen. Zudem lässt sich speziell mit sehr großen RACI Matrizen (> 1 DIN-A4 Seite) nur sehr umständlich hantieren. Die beabsichtigte Übersicht geht (leider wieder) verloren.

Bzgl. ihrem wahrgenommener Kundennutzen habe ich in meiner Beraterpraxis beide Extreme erlebt. So erfreute sich ein Abteilungsleiter aus der Bankenbranche an der Genauigkeit und Klarheit der für ihn entwickelten RACI Matrizen. Wiederum tat ein Projektleiter eines großen Automobilherstellers das Tool als ‚zu akademisch' und ‚für Projekte unbrauchbar' ab.

Praxistipps

Tipp 1 – Klein starten
Fange mit einer neuen RACI Matrix klein an. Speziell wenn Dir die Fachlichkeit noch unbekannt ist. Bei 5 Rollen und 15 Aktivitäten musst Du Dir bereits für 75 Zellen Gedanken machen sowie diese nach dem Befüllen abstimmen.

Tipp 2 – Teilaktivitäten einführen
Lässt sich für eine Aktivität partout nicht eine einzige verantwortliche/rechenschaftspflichtige Rolle bestimmen, so ist das ein Hinweis für Dich, die Aktivität in Teilaktivitäten herunterzubrechen.

Tipp 3 – Zellen wegstreichen
Steht eine Rolle mit einer Aktivität nicht in Beziehung, notierst Du in der entsprechenden Zelle am besten einen Strich. Somit stellst Du beim Ausfüllen der Matrix sicher, keine Zelle vergessen zu haben.

Tipp 4 – Verantwortung aufteilen
Falls in einer Spalte zu viele A's und R's stehen, ist diese Rolle ein potentieller Flaschenhals. Zwecks ihrer Entlastung, solltest die Übertragung von Verantwortung überprüfen.

Tipp 5 – Rolle eliminieren
Stellst Du fest, dass eine Rolle an nur sehr wenigen Aktivitäten partizipiert, solltest Du entscheiden diese ganz zu entfernen. Dies entschlackt Deine Matrix und fokussiert auf das Wesentliche.

Lesetipp
Nutze eine Suchmaschine Deiner Wahl und recherchiere nach Bildern für die Schlagworte ‚RACI Matrix Beispiele'. In weniger als 3 Sekunden erscheinen zahlreiche Beispiele für dieses Tool.

Zusammenfassung

Fehlt in einem Projekt oder Prozess die Übersicht über Rollen, Aktivitäten und Verantwortlichkeiten, solltest Du die RACI Matrix ins Spiel bringen. Systematisch bringst Du mit diesem Tool Licht in das Dickicht der Verantwortlichkeiten.

Das SIPOC Diagramm – die Geschäftsprozesse modellieren

Consultants lieben Prozesse! Wenig überraschend, basiert das Geschäftsmodell ihrer Kunden – den Unternehmen – meist auf einer Vielzahl von Prozessen. Häufig gilt es in den Beratungsprojekten dann, diese Geschäftsprozesse aufzunehmen, zu visualisieren und anschließend zu verbessern. Ein praxistaugliches Werkzeug für eine solche Aufgabe ist das SIPOC Diagramm. Ohne zu stark ins Detail zu gehen hilft es Dir, den Prozess sowie seine Schnittstellen eindeutig zu beschreiben.

Zweck

Das Akronym SIPOC steht für die fünf englischsprachigen Begriffe **S**upplier, **I**nput, **P**rocess, **O**utput und **C**ustomer. Ursprünglich stammt SIPOC aus dem Six Sigma Managementsystem, ein Ansatz um Prozesse zu optimieren und die Qualität im Unternehmen dauerhaft zu steigern.

Ein SIPOC Diagramm hilft Dir einen Prozess strukturiert aufzunehmen um ihn anschließend zu analysieren. Der Fokus liegt auf dem Gesamtprozess sowie seinen Schnittstellen und den damit verbundenen Auswirkungen zu vor- und nachgelagerten Prozessen. Damit eignen sich dieser Diagrammtyp prima zum fachlichen Scoping, d.h. zur Abgrenzung eines Prozesses in einer Kette von Prozessen.

Setze SIPOC Diagramme zur initialen Erfassung der Ist-Zustände von Prozessen sowie der Definition ihrer Ziel-Zustände ein. Insbesondere zu Projektbeginn sind die SIPOC top-level Visualisierung sehr nützlich. Abgestimmt und von allen Stakeholdern verstanden, bilden SIPOC Diagramme eine wertvolle Grundlage für die weiterführende Prozess- und Konzeptionsarbeit wie beispielsweise dem Anforderungsmanagement.

Aufbau

Ein SIPOC Diagramm besteht aus den folgenden fünf Elementen:

- **Supplier (dt. Lieferant):** Sowohl interne und externe Lieferanten, welche den Input für den Prozess bereitstellen (zum Beispiel Zulieferer, Hersteller, Verantwortliche vorgelagerter Prozessen).
- **Input (dt. Einsatzmittel):** Ein oder mehrere vom Prozess benötigten Eingangsleistungen (zum Beispiel Materialien, Informationen, Zuarbeiten).
- **Process (dt. Prozess):** Einzelschritte die notwendig sind, um aus den Input den Output zu erzeugen. Ein Prozess besitzt einen festen Anfang

und ein festes Ende und sollte in nicht mehr als 4 bis 7 Einzelschritte zerfallen.
- **Output (dt. Ergebnis):** Ein oder mehrere Ausbringungsleistungen eines Prozesses (zum Beispiel Produkte, Dokumente, erbrachte Services).
- **Customer (dt. Kunde):** Sowohl interne und externe Empfänger des Outputs eines Prozesses (zum Beispiel Privatkunde, Geschäftskunde, Verantwortliche nachgelagerter Prozesse).

Gerade der kompakte und eingängige Aufbau der Visualisierungen machen das Tool für die Zusammenarbeit mit den Fachabteilungen interessant. Mit einem Blick erfassen Leser sowohl die Eingangs- und Ausgangsgrößen als auch die Hauptschritte eines Prozesses.

Anwendung

Möchtest Du ein SIPOC Diagramm für einen spezifischen Prozess erstellen, solltest Du für jeden der fünf Buchstaben auf einem Arbeitsblatt bzw. Präsentationsfolie eine eigene Spalte anlegen. In dieser notierst Du die Prozessdetails. Zum Ausfüllen der Spalten startest Du mit der Kundenperspektive und arbeitest Dich von rechts nach links voran. Customer > Output > Process > Input > Supplier heißt die magische Formel, mit welcher Du Dich dem Prozess kundenorientiert näherst. Die Schritte im Einzelnen:

1. Kunden identifizieren

Identifiziere zunächst die wichtigsten Kunden des Prozesses und liste diese in der Spalte ‚Customer' auf. Nutze dazu Fragen wie „Wem stiftet der Prozesse einen Mehrwert?" oder „Wer ist Schlüsselempfänger eines Ergebnisses dieses Prozesses?". Beginne mit dem finalen Kunden der vom letzten Prozessschritt den Output erhält.

2. Ergebnisse festlegen

Definiere anschließend die zu erreichenden Prozessergebnisse welche den erarbeiteten Kunden einen Nutzen stiften. Mögliche Fragen sind „Was erhalten die Kunden aus dem Prozess?" oder „In welchen Output resultiert der Prozess?". Optional kannst Du spezielle Anforderungen an die Resultate aus Kundensicht stellen, um deren Güte zu fixieren (zum Beispiel spezifische Festigkeit, Hitzeverhalten). Verschriftliche Deine Erkenntnisse in der Spalte ‚Output'.

3. Prozessschritte ableiten

Ermittle nun die zentralen Hauptschritte des Prozesses (Spalte ‚Process'). Formuliere jeden Prozessschritt gleich, indem Du einem Substantiv ein aktives Verb folgen lässt (zum Beispiel „Material aufnehmen", „Rechnung schreiben"). Nützliche Fragen wären „Welches sind die Teilaufgaben im Prozess?" oder „Was muss ein Akteur tun, um den Output zu erschaffen?".

4. Eingangsgrößen definieren

Beschreibe anschließend den Input der innerhalb des Prozesses verarbeitet wird. Stelle Dir dazu Fragen wie „Welche Eingangsparameter benötigt der Prozess?" oder „Ohne welchen Beitrag kann der Prozess nicht ausgeführt werden?". Auch hier kannst Du zusätzlich verschiedene Anforderungen ergänzen, welche die Input-Qualität aus Prozesssicht näher beschreiben (zum Beispiel spezifische Farbe, Breite).

5. Lieferanten ermitteln

Erfasse schließlich die Lieferanten des Prozesses und halte diese in der letzten leeren Spalte ‚**Supplier**, fest. Fragen wie „Wessen Zuarbeit benötigt der Prozess?" oder „Wer liefert den Prozess-Input?" helfen Dir auf die Sprünge.

Überprüfe Dein Ergebnis und stimme dieses in großer Runde ab. Somit sicherst Du nicht nur die Qualität, sondern erzeugst gleichermaßen ein einheitliches Verständnis über den Prozess.

Gibt es andere Wege zum schnell und unkompliziert zum SIPOC Diagramm zu gelangen? Na, klar! Beginne dazu ganz im Herzen des Diagramms: beim Prozess. Nachdem Du dessen Grenzen und wichtigste Schritte (1) definiert hast, schlägst Du die Brücke zum Output (2), den Kunden (3), den Input (4) und schlussendlich zu den Lieferanten (4). Gerade wenn Du den Prozess bereits gut kennst, ist dieses Vorgehen meist der schnellere Weg.

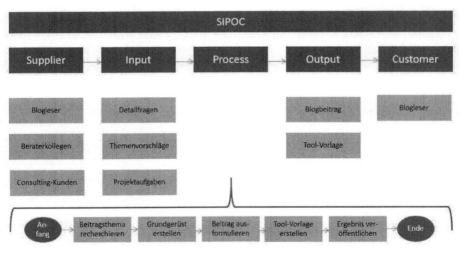

SIPOC Diagramm für den Prozess 'Erstellung eines Blogbeitrags'

Die Abbildung zeigt einen vereinfachten Kernprozess von Consulting-Life.de: die Erstellung eines Blogbeitrags. Blogleser liefern mit Fragen, Beraterkollegen durch Impulse sowie Kunden auf Basis von Projekten verschiedene Ideen für interessante Beitragsthemen. Ich setze mich dann hin und verfasse in fünf Einzelschritten einen Artikel bzw. manchmal ebenfalls eine Vorlage. Die Ergebnisse kommen anschließend den Lesern des Blogs oder Büchern zu Gute.

Vor- & Nachteile

Ein SIPOC Diagramm gibt seinen Lesern und Dir einen prägnanten Überblick über alle Hauptelemente eines Prozesses. SIPOCs sind simpel zu erstellen und auch für weniger Prozess-geübte Kunden verständlich. Damit sind diese Diagrammtypen gerade zum Beginn Deines Beratungsprojektes hilfreich. Bereits nach wenigen Stunden kannst Du nützliche Ergebnisse präsentieren.

Leider ist der große Vorteil eines SIPOC Diagramms – der Blick auf den Prozess aus einer Helikopterperspektive – auch sein Nachteil. So lassen SIPOCs keine Verfeinerung der Einzelschritte zu. Es fehlt der genaue Ablauf in parallelen und sequentiellen Aktivitäten sowie Bedingungen. Technische (zum Beispiel IT-Systeme, Dokumente) und organisatorische (zum Beispiel Organisationseinheiten, Akteure) Elemente, Dir vielleicht bekannt Prozessmodellierungssprachen wie den Erweiterte Ereignisgesteuerte Prozessketten (eEPK) sind, fehlen ebenfalls gänzlich.

Praxistipps

Tipp 1 – Bewusster Perspektivenwechsel
Definiere jeden Buchstaben eines SIPOC Diagramms aus einer anderen Perspektive. So blickst Du beim ‚Customer' und ‚Output' aus Sicht der Kunden auf den Prozess, beim ‚Supplier' und ‚Input' wiederum stehen die Lieferanten und ihr Standpunkt im Vordergrund.

Tipp 2 – Ein Prozessverantwortlicher
Notiere zu den jeweiligen Einzelschritten des Prozesses diejenigen Abteilungen oder Rollen, von denen der Prozess durchgeführt wird. Damit erkennst ein Leser sofort, wer für den Prozess verantwortlich ist.

Tipp 3 – Prozessketten
Verkette Prozesse durch Angleichung ihrer Supplier/Input bzw. Output/Customer. Hast Du beispielsweise zwei aufeinanderfolgende Prozesse solltest Du sicherstellen, dass der Output bzw. die Kunden des Vorgängerprozesses sich als Supplier und Input des Nachfolgeprozesses wiederfinden.

Tipp 4 – Wesentliches zählt
Die Stärke von SIPOC ist der Überblick. Versuche daher nicht, Dein Diagramme mit zu viele Feinheiten zu überladen. Eine zweistellige Anzahl von Einzelschritten ist definitiv zu viel. Auch ist ein Output ohne zugehörigen Abnehmerkunde wertlos.

Lesetipp
Dr. Jürgen Fleig bietet Dir auf seinem Portal www.business-wissen.de eine umfassende Beschreibung des Diagrammtyps.

Zusammenfassung

SIPOC Diagramme sind ein gutes Consulting Tool, um Deinen Beratungskunden und Dir rasch einen grundlegenden Überblick über die Prozesslandschaft zu verschaffen und ein gemeinsames Verständnis zu erzeugen. Soll es mehr ins Detail eines Prozesses gehen, empfehle ich Dir, zu anderen Modellierungswerkzeugen wie der Ereignisgesteuerten Prozesskette (EPK) oder dem Ablaufdiagramm zu greifen.

8. Situationsbewertung & Entscheidung

Die FOR-DEC Methode – die optimale Entscheidung fällen

Du kennst diese Situation. Für ein Problem stehen mehrere vielversprechende Lösungen zur Auswahl. Alle haben ihre Vor- und Nachteile. Du hast bereits viele Stunden in die Analyse und Abwägung investiert, konntest Dich aber noch nicht zu einer Lösung durchringen. Genau der richtige Zeitpunkt, systematisch an die Sache heranzugehen und eine erprobte Vorgehensweise aus der Luftfahrt zu nutzen: die FOR-DEC Methode.

Zweck

Bei der FOR-DEC Methode (manchmal auch FORDEC abgekürzt) handelt es sich um ein Verfahren zur strukturierten Entscheidungsfindung. Die Methode geht auf die frühen 1980er Jahre zurück. Zu dieser Zeit hob das Deutsche Zentrum für Luft- und Raumfahrt das Crew Resource Management Training für Piloten aus der Taufe. FOR-DEC war ein Bestandteil dieser Ausbildung und kommt heute neben der Luftfahrt insbesondere in der Medizin zum Einsatz.

Auch Consultants sind regelmäßig mit komplexen Entscheidungen konfrontiert. Sei es im Rahmen eines Kundenprojektes, der Umsetzung eines internen Vorhabens oder der eigenen Karriereplanung: manche Beschlüsse sind einfach zu wichtig, als diese von vorschnellen Impulsen oder Bauchgefühlen leiten zu lassen. Warum daher nicht ein praxiserprobtes Entscheidungswerkzeug aus einer anderen Branche adaptieren?

Aufbau

Die Buchstaben des Akronyms FOR-DEC bezeichnen die sechs Schritte die Dich bei einer systematischen Entscheidungsfindung leiten: **F**acts, **O**ptions, **R**isks & Benefits, **D**ecision, **E**xecution und **C**heck. Der Bindestrich im Namen trennt die Phase der Situationsanalyse von der Entscheidungsumsetzung. Einige Literaturquellen lassen den Bindestrich weg. Aus meiner Sicht ist er aber sinnvoll, da er die Trennung zwischen Informationsbeschaffung und Beschlussdurchführung betont.

Anwendung

FOR-DEC wendest Du in zwei Phasen an: Situationsanalyse und Entscheidungsumsetzung. Jede Phase untergliedert sich in drei Einzelschritte:

1. Facts (Fakten)
Zu Beginn steht die Faktenanalyse. Welche Ist-Situation liegt vor? Was ist genau passiert? Welche Ressourcen stehen Dir zur Verfügung? Worum geht es hier wirklich? Was sind die Anforderungen?

Möglichst objektiv erfasst Du in diesem Schritt sowohl das Problem als auch den Kontext. Lasse Dich dabei nicht von Symptomen, Halbwahrheiten oder Meinungen leiten, sondern konzentriere Dich auf die Ursachen, Anforderungen und Tatsachen. Nimm Dir in diesem ersten Schritt bewusst Zeit. Auf Basis einer falsch verstandenen Ausgangslage kann (fast) nie eine richtige Entscheidung gefällt werden.

2. Options (Möglichkeiten)
Im zweiten Schritt ermittelst Du Deine Handlungsalternativen. Welche erfüllen alle Anforderungen? Ist Nichts-Tun – die sogenannte 0-Veriante bzw. der Status Quo – ebenfalls eine Option? Welche Wege zum Ziel sind erst auf den zweiten Blick erkennbar?

Nutze ergänzende Kreativmethoden wie das Brainstorming, um an weniger offensichtliche Optionen zu gelangen. Begnüge Dich nicht mit den erstbesten Alternativen, die Du aufspürst, sondern grabe tiefer. Sortiere im Gegenzug alle Optionen aus, die nicht das Minimalset an Anforderungen erfüllen.

3. Risks & Benefits (Risiken & Chancen)
Im finalen Schritt der Situationsanalyse identifizierst Du die mit einer jeden Option einhergehenden Vor- und Nachteile. Welcher Nutzen ist mit einer Handlungsalternative verbunden? Wie hoch ist das Risiko (Eintrittswahrscheinlichkeit und Schadensausmaß) für eine bestimmte Alternative?

Bewerte alle der zuvor notierten Möglichkeiten in einer Matrix, beispielsweise unter Verwendung des Tools Vergleichstabelle. Dieser Schritt ist sehr arbeitsintensiv und erfordert ein sorgfältiges Durchdenken aller Optionen.

4. Decision (Entscheidung)
An diesem Punkt fällst Du die Entscheidung zu Gunsten einer Handlungsalternative. Welche Option besitzt das geringste Risiko und die meisten (vielversprechendsten, wertvollsten) Chancen? Mit welcher Alternativ fahren wir nach aktueller Sachlage am besten?

Dein Votum erfolgt nicht aus dem Bauch heraus, sondern auf Grundlage der gefundenen Vor- und Nachteile pro Alternative sowie den Fakten zur Situation. Bei Gleichstand beziehst Du die innere Stimme mit ein.

5. Execution (Umsetzung)
In diesem Schritt widmest Du Dich der Umsetzungsplanung für die gewählte Option. Wer übernimmt welche Aufgabe mit welchem Ergebnis bis wann? Wie wird konkret bei Umsetzung und Kontrolle vorgegangen? Welche Hilfsmittel bzw. zusätzlichen Personen sind erforderlich?

Ebenso wichtig wie die Entscheidung ist die Umsetzung. Oft gestaltet diese sich meist 10x schwieriger. Schließe daher in die Entscheidungsformulierung auch die erwarteten Ergebnisse ein. Halte zudem schriftlich fest, welche Person bis wann welche Aufgabe abträgt.

6. Check (Überprüfung)
Schließlich besteht die letzte Aufgabe der Entscheidungsumsetzung in der Ergebniskontrolle. Hat sich der Plan wie erwartet entwickelt? Passt die Entscheidung noch zur tatsächlichen Entwicklung? Sollte vielleicht auf Grundlage einer geänderten Faktenlage bzw. Optionen neu entschieden werden?

Überprüfe fortwährend selbst (Follow-Through) und per Berichtswesen (Follow-Up), ob Deine Entscheidung noch den richtigen Weg zum Ziel beschreibt.

Vor- & Nachteile

Der große Vorteil von FOR-DEC besteht in der Struktur und Nachvollziehbarkeit der Entscheidungsfindung. Systematisch näherst Du Dich der zu einem Zeitpunkt optimalen Option an. Auch im Nachgang sind Dir weiterhin die Gründe für und gegen die ebenfalls möglichen Handlungsalternativen transparent.

Natürlich besitzt auch FOR-DEC einige Nachteile. Um an die ‚beste' Entscheidung zu gelangen musst Du teilweise erheblich Zeit und Aufwand investieren. Nicht immer stehen Dir die notwendigen Daten zur Verfügung bzw. kannst Du dem Kunden die aufgebrachten Stunden in Rechnung stellen. Gerade bei komplexen Fragestellungen mit einer Vielzahl von Entscheidungsoptionen besteht die Kunst nicht in der Entscheidung, sondern darin, dass Problem in Teilprobleme zu zerlegen. Die FOR-DEC Methode gibt Dir hierfür leider keine Hilfe.

Praxistipps

Tipp 1 – Keine Kompromisse
Jede Entscheidung ist mit Arbeit und Risiken verbunden und bringt gleichzeitig Unruhe in die Belegschaft des Kunden. Regelmäßig erlebe ich es, dass bei den Optionen bzw. der Umsetzung sehr früh und rasch Kompromisse vorgeschlagen werden. Konfrontiere die an der Entscheidung beteiligten Personen offen mit den Fragen "Was ist für Organisation richtig?" und nicht "Was passt Ihnen am besten?" bzw. "Was können Sie am besten durchsetzen?"

Tipp 2 – Inne halten
Der Bindestrich in der Abkürzung FOR-DEC erfüllt neben der Trennung von Analyse und Umsetzung eine weitere Funktion. Er soll Dich dazu aufrufen, vor der Entscheidung einen kurzen Augenblick Inne zu halten und in Dich zu gehen. Wurden alle Fakten berücksichtigt? Stehe ich zur Entscheidung? Nutze diese kurze Pause zur Reflexion über die Sachlage.

Tipp 3 – Entscheidungsfindung abkürzen
Wirf eine Entscheidungsoption ganz über Bord, falls sich im dritten Schritt Risks & Benefits herausstellt, dass die Chancen zu gering bzw. die Gefahren zu groß sind. Häufig definiere ich zu Beginn mehrere K.O.-Kriterien. Falls diese bei einer Entscheidung zutreffen, verfolge ich diese im weiteren Prozess nicht mehr und spare auf diese Weise Zeit.

Tipp 4 – Methode kombinieren
Die drei Schritte Facts, Options und Risks & Benefits der Situationsanalyse eigenen sich prima in Kombination mit Kreativitätstechniken.
Verwende beispielsweise die 6-Hüte-Methode, das Brainstorming oder SCAMPER um die Vor- und Nachteile für eine Option herauszuarbeiten.

Tipp 5 – Durchsetzung forcieren
Viel bedeutender als die Entscheidung ist aus meiner Erfahrung oft die Umsetzung. Ob im beruflichen oder privaten: ist der Beschluss gefallen, heißt es die Ärmel hoch zu krempeln und sich an die Arbeit zu machen. Stellen sich kleine Erfolge ein, solltest Du diese sichtbar machen.

Tipp 6 – Lesetipp
Der österreichischer Wirtschaftswissenschaftler Fredmund Malik widmet sich in seinem Buch ‚Führen Leisten Leben' in einem eigenen Unterkapitel der Entscheidungsfindung auf Managementebene. Zwar nutzt er nicht den Rahmen FOR-DEC, dennoch passt sein geschildertes Vorgehen 1:1 auf diese Methode.

Zusammenfassung

Entscheidungen sind meist viel zu komplex und folgenreich, um impulsiv zwischen Tür und Angel gefällt zu werden. Fast immer im Kundenkontext läuft in einer Entscheidung (fast) alles zusammen, wird (fast) alles auf den Punkt gebracht. Die FOR-DEC Methode ermöglichst Dir eine strukturierte Einschätzung der gegebenen Situation und Handlungsoptionen bevor die zum Zeitpunkt beste Entscheidung getroffen wird. Speziell in unstrukturierten Kundenprojekten mit unklarer Faktenlage bringst Du mittels FOR-DEC einen transparenten Prozess in den Entscheidungsprozess.

Die Portfolioanalyse – Dinge visuell einteilen und bewerten

Für Wirtschaftsabsolventen ist sie ein alter Hut. Das Gros der Berater kennt sie sowieso aus dem FF. Auch vielen Managern dürfte sie ein Begriff sein. Die Rede ist von der Portfolioanalyse, oft auch nur BCG-Matrix genannt. Nun ist Kennen nicht Können. Und so stelle ich Dir nachfolgend die Methode im Detail vor, zeige Stärken und Schwächen und Tipps, wie Du noch mehr aus Deiner Portfolioanalyse herausholst.

Zweck

Die Portfolioanalyse gehört zum Grundwerkzeug von Strategieberatern. Aber auch für Business/IT Consultants bzw. Change Coachs ist das Tool interessant. In den 1970er von Bruce Henderson – Gründer von The Boston Consulting Group (BCG) – konzipiert, wird die Methode und ihr prominentestes Ergebnis, die Portfoliomatrix, gerne auch BCG-Analyse oder Boston-Matrix genannt. Weitere übliche Begriffe sind Marktanteils- und Marktwachstumsanalyse bzw. Vier-Felder-Matrix.

Mit der Portfolioanalyse visualisiert und bewertest Du das Produkt- bzw. Dienstleistungsangebot eines Unternehmens. Abhängig von den drei Kennwerten relativer Marktanteil, Marktwachstum sowie Umsatz sortierst Du die Angebote einer Firma in vier Kategorien und leitest daraus Schlussfolgerungen ab. Wichtige Funktionen, die Du mit einer Portfolioanalyse erfüllst sind:

- **Überblick**: Was ist unser aktuelles Sortiment von Produkten und Diensten? Wo im Lebenszyklus stehen diese?
- **Entscheidungshilfe**: In welche Angebote sollten wir zusätzliche Ressourcen, Kapitel, Aufmerksamkeit, etc. zwecks Erhöhung des Marktanteils investieren?
- **Prognose**: Wie wird sich ein Angebot zukünftig entwickeln?

Leicht variiert, lässt sich die Matrix auch für andere Fragestellungen heranziehen.

Aufbau

Herzstück der Portfolioanalyse ist die 4-Felder Portfoliomatrix. Diese verbindet die beiden Messgrößen Marktwachstum und relativer Marktanteil eines Unternehmens.

- Das **Marktwachstum** (X-Achse) in Prozent reflektiert das Steigungsmaß im Lebenszyklus eines Angebotes, beispielsweise wachsend (positiv, +20 Prozent), stagnierend (0 Prozent) oder zurückgehend (negativ, -20

Prozent). Die Komponenten repräsentiert das nicht beeinflussbare Unternehmensumfeld.
- Der **relative Marktanteil** (Y-Achse) signalisiert das auf Erfahrung beruhende Kostensenkungspotential, beispielsweise gering (zwischen 0 und 1) sowie hoch (zwischen 1 und 2). Große Marktanteile verkörpern das Potential niedriger Kosten und damit die Möglichkeit zur (Kosten-)Führerschaft in einem Markt. Die Komponenten kann ein Unternehmen direkt beeinflussen.

Berechne den relativen Marktanteil, indem Du den eigenen Marktanteil durch den des bedeutendsten Marktteilnehmers dividierst. Beispiel: besitzt Dein Unternehmen für ein Produkt 20 Prozent, der größte Wettbewerber hingegen 40 Prozent Marktanteil, liegt der relative Wert bei 0.5 (= 20 / 40).

Die Urform der Portfoliomatrix unterscheidet zwischen **vier Quadranten**. Je nach seinem Marktwachstum und Marktanteil wird ein Angebot einem dieser vier Quadranten mit einem Kreis (auch genannte Blase) zugeordnet. Als dritte Dimension kennzeichnet die **Kreisgröße** den derzeitigen Umsatz eines Produktes bzw. einer Dienstleistung. Alternativ verwendest Du das Deckungsbeitragsvolumen oder den Cash-Flow eines Angebots.

Nachfolgend die vier Felder sowie ein Vorschlag für das Vorgehen, der sogenannten Normstrategie (siehe auch Abbildung).

1. Poor Dogs (dt. Arme Hunde) – Geringer Marktanteil, geringes Marktwachstum
Diese Angebote bringen nur wenig Gewinn ein, verursachen aber auch keine sonderlich hohen Investments. Beispielsweise handelt es sich um Auslaufprodukte, ehemalige Cash Cows von gestern.

Überwache alle Angebote in diesem Feld. Falls ein Produkt oder Dienst trotz geringem Anteil und Wachstum vorteilhaft ist, hältst Du an ihm fest. Sobald die Deckungsbeiträge hingen negativ ausfallen, eliminierst Du diesen Portfoliokandidaten.

2. Cash Cows (dt. Ertragsperlen) – Hoher Marktanteil, geringes Marktwachstum
Dies sind etablierte, beliebte Angebote, die lukrative Gewinne in die Unternehmenskassen spülen. Bei einem durchdrungenen Markt erfordern diese Angebote kaum neue Investitionen.

Melke Cash Cow Produkte und Services, solange sie gesund und noch nicht zum Poor Dog mutiert sind. Beobachte gleichzeitig die Wettbewerber. Aufgrund des geringen Marktwachstums solltest Du in Weiterentwicklung und

Marktdurchdringung nicht zu viel investieren, Dich stattdessen aufs Abschöpfen konzentrieren.

3. Stars (dt. Sterne) – Hoher Marktanteil, hohes Marktwachstum

Stars sind die Könige des Angebotsportfolios: bei einem weiterhin hohen prognostizierten Marktwachstum schöpfst Du mit einem Star satte Gewinne ab. Im Gegensatz zu einer Cash Cow, musst Du hingegen weiterhin Aufwand in das Angebot und seine Marktdurchdringung stecken, um den Anteil auszubauen bzw. mindestens zu halten.

Investieren und Deckungsbeiträge ausbauen – so lautet die Strategie für Stars. Verliebe Dich jedoch nicht in einen Star. Mittelfristig wird aus ihm eine Cash Cow, langfristig ein Poor Dog.

4. Question Marks (dt. Fragezeichen) – Geringer Marktanteil, hohes Marktwachstum

Hier handelt es sich um Angebote, die aufgrund des geringen Marktanteils aktuell nicht viel einbringen, jedoch erhebliches Marktwachstumspotenziale bieten. Oft handelt es sich um für das Unternehmen neue Produkte oder Dienste ohne nennenswerte Einnahmen, die entweder schnell wiedereingestellt werden oder mit erheblichen Investitionen in den Markt gedrückt werden.

Entscheide anhand von Marktests, ob Du vom hohen Wachstum profitieren und den relativen Marktanteil ausbauen kannst. Mache aus dem Fragezeichen entweder ein Star, einen Poor Dog oder streiche das Angebot ganz aus dem Portfolio.

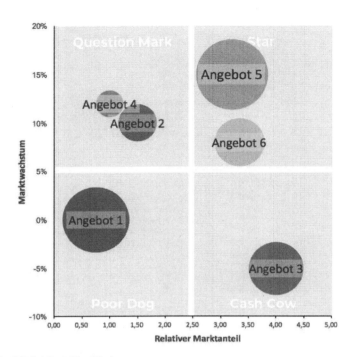

Dr. Christopher Schulz | Consulting-Life.de

Beispiel für eine Portfolioanalyse erstellt in Microsoft Excel

Anwendung

1. Daten erheben
Erhebe für jedes zu betrachtende Angebot des Unternehmens die folgenden Daten:

- Marktwachstum (auf einen 3-5 Jahreszeitraum betrachtet)
- Eigener Markanteil
- Marktanteil des bedeutendsten Konkurrenten
- Eigener Umsatz (alternativ Deckungsbeitrag oder Gewinn)

Berechne den relativen Marktanteil durch Division des eigenen Anteils durch Marktanteil der größten Konkurrenz.

2. Portfoliomatrix erstellen
Hast Du die Werte erst ermittelt, ist die Visualisierung per Portfoliomatrix eine einfache Übung.

- Das Diagramm mit vier Quadranten bildet Deine Grundlage.

- Die Umsatzgröße stellst Du durch die Kreisgröße dar.
- Jeden Kreis verortest Du je nach relativen Marktanteil und Marktwachstum in der Matrix.

3. Erkenntnisse ableiten

Auf Basis der grafischen Repräsentation kannst Du nun folgende Fragen diskutieren:

1. Welchen Wert erzeugen die jeweiligen Angebote für uns?
2. Lohnt es sich noch, die Poor Dogs im Portfolio zu haben? Wie können diese in Cash Cows gewandelt werden?
3. Wie viel Potenzial sehen wir in den Question Marks? Wie stark wollen wir sie nach vorn bringen?
4. Mit welchen Maßnahmen können Stars gefördert und Cash Cows langfristig unterstützt werden?

4. Maßnahmen treffen

Werte die Ergebnisse aus und entscheide auf Basis der vier Felder für jedes Angebot über das weitere Vorgehen. Die vorgestellten Normstrategien helfen Dir dabei.

Vor- & Nachteile

Schnell, visuell und kommunikativ – das sind die drei Hauptvorteile der Portfolioanalyse und ihrer enthaltenen 4-Felder Matrix. In wenigen Schritten hast Du die Portfoliomatrix erstellt. Diese ist leicht zugänglich, insbesondere auch für Top-Manager und Entscheider schnell erfassbar. Mit seinen drei Dimensionen und den vier Quadranten bietet die Visualisierung dennoch ausreichend Diskussionsstoff. Das Bestehende kann analysiert und Trends für die Zukunft abgeleitet werden.

Auch eine Portfolioanalyse hat Grenzen. Nicht für jedes Unternehmensangebot kann der relative Marktanteil ohne weiteres ermittelt werden. Auch gleicht die Bestimmung des zukünftigen Marktwachstums teilweise dem Lesen in der bekannten Glaskugel. Schließlich besitzen vielschichtige Probleme und Lösungen oft mehr als nur drei Dimensionen. Für die Portfolioanalyse bist Du jedoch gezwungen, einen Sachverhalt auf zwei Achsen plus Kreisgröße zu verdichten. Dadurch reduzierst Du Komplexität, blendest jedoch gleichzeitig auch Faktoren aus bzw. triffst implizite Annahmen.

Praxistipps

Tipp 1 – Portfolio-Szenarien

Ursprünglich bezieht sich die Portfolioanalyse auf den Ist-Stand von Produkten und Services. Daher: wo liegen Marktwachstum, relativer Marktanteil und Umsatz eines Angebotes heute. Regelmäßig lohnt sich die Modellierung von zukünftigen Zeitpunkten auf Basis von Szenarien, beispielsweise Portfolio 2020, 2025 etc.

Tipp 2 – Die vierte Dimension
Position eines Angebotes in der Matrix sowie dessen Kreisgröße transportieren dem Leser drei Informationen. Doch wie vermittelst Du ein viertes Detail, zum Beispiel die Business Priorität, das Umsetzungsrisiko, das Distributionsland oder die Digitaltechnologie? Verwende dazu einfach verschiedene Farben mit den Du die Kreise darstellst. So färbst Du beispielsweise alle für den europäischen Markt vorgesehenen Angebote blau, für den US-Markt grün, etc..

Tipp 3 – 4-Felder für (fast) Alles
Nutze die Grundidee der 4-Felder Matrix zur Visualisierung weiterer Aspekte, beispielsweise der Attraktivität von Übernahmekandidaten, des Markterfolgs von Innovationen, der Wertbeitrag von IT-Systemen, dem fachlichen Nutzen von Projekten etc.. Mit etwas Kreativität und Gestaltungswillen lassen sich viele Probleme und Lösungen in drei Dimensionen und vier Quadranten ‚pressen'. Übrigens ist auch die SWOT Analyse mit ihren vier Feldern Strengths, Weaknesses, Opportunities und Threats eine Form der Portfoliomatrix. Aber auch die Eisenhower-Matrix mit den Achsen Dringlichkeit und Wichtigkeit unterscheidet in vier Kategorien.

Tipp 4 – Besser mit Annahmen
Kaufen Kunden in 5 Jahren immer noch das Produkt? Wie verhält sich ein Wettbewerber in den nächsten 3 Jahren? In digitalen Zeiten dreht sich Wirtschaftswelt immer schneller, wird dadurch auch immer unsicherer und ungewisser. Ergänze Deine Portfolioanalyse daher mit Annahmen. Diese notierst Du direkt unter der Matrix.

Lesetipp
Marktattraktivitäts-Portfolio, Technologie-Portfolio, Innovations-Portfolio - die Portfolioanalyse eignet sich für verschiedene Consulting Aufgabenstellungen. Weitere Infos zum Tool findest Du im ControllingWiki www.controlling-wiki.com.

Zusammenfassung

Unter Unternehmensberatern ist sie ein beliebtes und verbreitetes Tool: die Portfolioanalyse. Kein Wunder, ermöglicht die resultierende Portfoliomatrix doch einen Sachverhalt anhand von zwei Schlüsselfaktoren und vier Feldern visuell übersichtlich darzustellen. In der klassischen Form von relativer Marktanteil und Marktwachstum lässt sich das eigene Angebot rasch und einfach hinsichtlich

Markt und Wettbewerb beurteilen. Aber auch in abgewandelter Form stiftet die Analyse und ihre Matrix einen hohen Nutzen.

Die SWOT Analyse – eine Sache aus 4 Perspektiven beleuchten

Vielen Beratern ist das Schlagwort SWOT Analyse und seine Übersetzung in Strengths, Weaknesses, Opportunities and Threats bekannt. Weniger von ihnen wissen, wie die Analysemethode in der Praxis effektiv eingesetzt werden kann und wo die Schwächen von SWOT liegen. Nachfolgend erfährst Du, in welchen Beratungssituationen es sich lohnt, das strategische Instrument einzusetzen und was dabei zu beachten ist.

Zweck

Die SWOT Analyse unterstützt Dich bei der Entscheidungsfindung, besonders relevant ganz zu Beginn eines Vorhabens. Dabei ist es egal, ob Du Dich zwischen dem Status Quo und einer einzigen Handlungsalternative entscheidest oder ob mehrere Lösungen zu Verfügung. Generell lässt sich die SWOT Analyse für viele Aspekte im Consulting einsetzen. Mit ihr bewertest Du zum Beispiel Prozessalternativen, IT-Systemen, Organisationsstrukturen, Projekten, etc.. Und dies immer vor dem Hintergrund der aktuellen Situation.

Als Berater führst Du die Methode entweder im Auftrag des Kunden oder auf eigene Initiative durch, beispielsweise, wenn Du ein Vorhaben intern dem Management verkaufen möchtest. Erarbeite dazu einen ersten Entwurf, diskutiere diesen dann in kleinen Gruppen mit Kollegen und reichere in mit weiteren Facetten an. Auch möglich, jedoch weniger üblich ist die reine Bewertung der Ist-Situation auf Basis von SWOT. Schließlich geht es beim Consulting ja um Änderungsprojekte und nicht um die Bewahrung des Status Quo.

Aufbau

Die SWOT Analyse differenziert zwischen zwei Sichten, mit welcher die Lösung bzw. Handlungsalternative untersucht werden. Zum einen die Strengths and Weaknesses, also die aktuellen Stärken (= Vorteile) und Schwächen (= Nachteile) des Vorhabens. Zum anderen die Opportunities und Threats, daher die Chancen (= günstige Bedingungen) und Risiken (= ungünstige Bedingungen) die mit der Umsetzung der Lösung verbunden sind.

Der besseren Übersicht werden diese vier Komponenten in einer 4-Felder Matrix sortiert – der **Komponenten-Matrix**. Das Ergebnis passt dann genau auf eine Folie. Auf der oberen Zeile sind links die Stärken und rechts die Schwächen angeordnet. Sie vertreten die interne Sicht und können direkt beeinflusst werden. Als Blick nach Außen stehen auf der unteren Zeile links die Chancen, rechts die Bedrohungen. Um die vier Quadranten rasch zu füllen solltest Du Dir zum Beispiel die folgenden Fragen stellen:

- **Stärken:** Was zeichnet uns aus? Worin liegen unsere Vorteile gegenüber anderen?
- **Schwächen:** Welche Defizite haben wir gegenüber anderen? Wo treten immer wieder Probleme auf?
- **Chancen:** Von welchen Trends könnten wir profitieren? Welche politischen, sozialen, technischen und wirtschaftlichen Entwicklungen würden uns helfen?
- **Risiken:** Welche Trends könnten uns Schaden? Welche Entwicklungen könnten uns Probleme bereiten?

Die Analyse der Wechselwirkungen zwischen diesen vier Komponenten führst Du anhand einer zweiten 4-Felder Matrix durch: der **Maßnahmen-Matrix**. Hier enthält die obere (erste) Zeile die Stärken und Schwächen, die linke (erste) Spalte die Chancen und Risiken. Unter Beantwortung folgender Fragen notierst Du in den vier Quadranten geeignete Handlungsempfehlungen:

- **Ausbauen:** Wie können wir unsere Stärken nutzen, um von den Möglichkeiten zu profitieren? Welche Stärken passen zu welchen Chancen?
- **Absichern:** Wie können wir unsere Stärken nutzen, um uns vor Risiken zu schützen? Wie können Stärken zum Minimieren von Risiken genutzt werden?
- **Aufholen:** Wie können wir unsere Schwächen durch die Nutzung von Chancen überwinden? Welchen Schwächen lassen sich zu Stärken verwandeln?
- **Vermeiden:** Wie können wir Risiken minimieren und gleichzeitig Schwächen überwinden? Wie kann potentieller Schaden geeignet abgewendet werden?

Am besten Du notierst diese Fragen als Merkhilfe direkt unter der Maßnahmen-Matrix. Dir und später dem Leser ist damit nachvollziehbar, welche Infos die vier Felder festhalten.

Anwendung

Die Durchführung einer SWOT Analyse ist unkompliziert. Es sind genau fünf Schritte.

1. Beginne zunächst mit der **Definition der Lösung** bzw. Handlungsalternative als Gegenstand der Betrachtung.

2. Sammle anschließend **Stärken und Schwächen** aus verschiedenen Blickwinkeln. Dies kann zum Beispiel eine rechtliche, fachliche oder technische Perspektive sein.
3. Widme Dich dann naheliegenden und (weniger evidenten) **Chancen und Risiken**, wieder von unterschiedlichen Sichtpunkten aus gesehen.
4. Stelle anschließend die vier Komponenten in der **Maßnahmen-Matrix** gegenüber und leite anhand der vier Fragen konkrete Handlungsanweisungen ab.
5. Bespreche nun das Analyseergebnis in Gestalt der beiden Matrizen mit Kollegen und stelle anschließend das Ergebnis in der großen Runde vor.

Nachfolgende Abbildung zeigt beispielhaft das Ergebnis meiner SWOT Komponenten-Matrix für Consulting-Life.de, Stand 04/2016. Die Initialfassung der Komponenten-Matrix habe ich in einer knappen Stunde erstellt.

	Strengths	Weaknesses
Interne Sicht	- Umfassender Fundus von Consulting-Tipps, Hinweisen und Erfahrung aus der Praxis für die Praxis - > 8 Jahre Erfahrung mit Beratungsprojekten bei 3 Arbeit-gebern und 8 verschiedenen Kunden - Gute Kenntnisse beim Umgang mit technischer Infrastruktur (Wordpress, Hosting, Newsletter) - Übung und Freude in der Publikation von Beiträgen für unterschiedliche Formate (Zeitschriften, Konferenzen, Blogs)	- Beratungserfahrung hauptsächlich in Automobilindustrie und teilweise im Banking - Technische Ausbildung als IT-Ingenieur, d.h. BWL, Marketing & Sales Themen hauptsächlich aus Literatur bekannt - Durch Vollzeitjob als Berater und familiären Aufgaben begrenzte Zeit für den Aufbau und die Pflege einer Consulting Plattform
	Opportunities	**Threats**
Externe Sicht	- Stand 11/2015 existieren im deutschsprachigen Raum keine unternehmensunabhängigen Blogs zum Thema Consulting - Existierende Xing und LinkedIn Gruppen enthalten häufig Stellengesuche sowie Werbung für Produkte und Services - Aktuelle deutschsprachige Consulting-Literatur fokussiert sich auf den Bewerbungsprozess bei Beratungsunternehmen - Bei >100.000 Beratern in Deutschland beginnen jährlich ~5.000-10.000 ihre berufliche (meist gut bezahlte) Laufbahn - Wissenslücke: Seniorberater haben während Projektarbeit wenig Zeit ihr Knowhow an jüngere Kollegen weiterzugeben - Die >15.000 (meist finanziell gut ausgestatteten) Consulting-Firmen in Deutschland befinden sich im „War of Talents" - Erfolg von deutschsprachigen online Karriereratgebern wie Karriebiebel.de oder business-wissen.de	- Bei Erfolg lässt sich Geschäftsmodell einfach und schnell durch private Personen oder unabhängige Unternehmen kopieren - Geringes Interesse der Berater, da Zeitmangel, Müdigkeit Texte zu lesen und/oder bereits stattfindender interner Wissenstransfer - Geringes Interesse der Beratungsfirmen, da Leserzahlen zu gering und/oder Plattform nicht professionell genug

Consulting-Life.de | Autor: Christopher Schulz | Stand: 27.04.2016

Beispiel einer SWOT Analyse für Consulting-Life.de

Vor- & Nachteile

Mit etwas Übung und Kreativität sind SWOT Analysen einfach und rasch zu erstellen. Großer Vorteil des pragmatischen Instruments ist die Beleuchtung einer oder mehrere Vorhaben von mehreren Blickwinkeln aus. Das ist für Berater im strategischen Management gleichermaßen relevant wie Consultants im Prozess, IT und Projektmanagement.

Natürlich bleibt die SWOT Analyse eine qualitative (teilweise auch subjektiv verzehrte) Methode. Weder existieren Wichtungen der Stärken, Schwächen, Chancen und Risiken, noch werden diese priorisiert. Nur wenn zum Beispiel die Stärken-Zelle der Matrix voll ist, heißt das nicht, das eine Lösung überwiegend Vorteile bietet.

SWOT Analysen geben keine konkreten Hinweise auf die zu unternehmenden nächsten Schritte vor, auch besteht die Gefahr das Instrument zur nachträglichen Rationalisierung von bereits getroffenen Entscheidungen zu missbrauchen.

Praxistipps

Tipp 1 – Genügend Analysezeit
Eine SWOT Analyse bereitet Aufwand. Immerhin müssen 8 (= 4x je Matrix) einzelne Felder betrachtet werden. Plane ausreichend Zeit für die Informationsbeschaffung und Analyse ein.

Tipp 2 – Bewusste Abgrenzung
Unterscheide bei Deiner SWOT Analyse explizit zwischen der inneren und äußeren Sicht auf den Sachverhalt. Stärken sind nicht Chancen bzw. Schwächen nicht Risiken.

Tipp 3 – Ganzheitliche Betrachtung
Die Gefahr besteht, dass Du bei der Analysearbeit nur erwünschte Fakten berücksichtigst um die bereits (im Kopf) getroffene Entscheidungen zu rechtfertigen. Erstelle die beiden Matrizen immer mit einer 360°-Perspektive. Detailliere auch die Schwächen und Risiken ausreichend um ein reales Bild zu erhalten.

Tipp 4 – Konkretisierung erforderlich
Mit der Komponenten-Matrix beschreibst Du Zustände, mit der Maßnahmen-Matrix abgeleitete Handlungsempfehlungen. Das alles auf einem sehr hohen Abstraktionsgrad. Nutze für die anschließende Umsetzung andere Tools wie zum Beispiel das Projektmanagement.

Lesetipp
Weitere Infos zum Beraterwerkzeug findest Du im ControllingWiki
www.controlling-wiki.com.

Zusammenfassung

Bis heute besteht keine Einigkeit darüber, wer eigentlich der Urvater für die SWOT Analyse ist. So berichten einige Quellen von ihrer Entwicklung an der Harvard Business School Ende der 1960er Jahre. Andere wiederum sehen ihre

Verwendung bereits in China. Losgelöst von ihrer Herkunft besteht für mich der große Nutzen einer SWOT Analyse in ihrem klaren Vorgehen und den weiterverwendbaren Ergebnissen.

Die Vergleichstabelle – die beste Alternative identifizieren

In Deinem Consulting Alltag bist Du ihr sicherlich schon einmal begegnet: der Vergleichstabelle. Dabei handelt es sich um eine Matrix, die verschiedene Alternativen anhand unterschiedlicher Kriterien gegenüberstellt. Das Ziel: auf analytischem Weg soll die objektiv beste Alternative identifiziert werden.

Zweck

Häufig stehen Unternehmen vor Entscheidungen. Für den Betrieb muss ein anderer Dienstleister ausgesucht werden. Es gilt, ein IT-System durch eine zukunftssichere moderne Lösung zu ersetzen. Eine neue Niederlassung soll an einem noch zu bestimmenden Standort gegründet werden. Nur sehr selten fällen Organisationen solche betriebswirtschaftlich wichtigen Entscheidungen aus dem Bauch heraus. Stattdessen beruht ihre Wahl auf einem systematischen Evaluierungsprozess. Im Herz dieses Vorgangs steht oft eine Vergleichstabelle, auch Bewertungsmatrix, Evaluierungstabelle oder Assessment-Matrix genannt.

Eine Vergleichstabelle stellt mehrere Alternativen gegenüber und beurteilt diese anhand definierter Kriterien. In meinen Projekten als Business/IT-Berater setze ich Vergleichstabellen oft bei der Beurteilung von IT-Systemlösungen ein. Der Kunde möchte das in die Jahre gekommene IT-System ersetzen und sucht nach einem Nachfolger das alle fachlichen, technischen und kaufmännischen Kriterien optimal erfüllt.

Aufbau

Wie eine gewöhnliche Tabelle besteht auch die Vergleichstabelle aus Zeilen und Spalten. Im Einzelnen sind das:

Die verschiedenen **Alternativen** sind als Spalte notiert. Hier kann es sich um Lösungswege, IT-Systeme, Prozessvarianten oder ähnliches handeln. Achte darauf, dass die Alternativen sich eindeutig voneinander unterscheiden. Es ist verschenkte Zeit fast identische Varianten mit nur einem Merkmalsunterschied gegenüberzustellen.

Alle **Vergleichskriterien** sind als Zeilen notiert und mit einer eindeutigen Nummer versehen. Die Kriterien sollten Dir und den
Entscheidungsträgern verständlich sein und auf genau einen Aspekt
der Alternativen abzielen. Da kann zum Beispiel der Nutzen, die Skalierbarkeit, die fachliche Abdeckung, etc. der verfügbaren Optionen sein.

Für jede Alternative und Vergleichskriterium sollte zudem ein kleines Feld für die **Begründung** existieren. Hier dokumentierst Du Fakten für die Bewertung, so dass die Entscheidung später formal nachvollzogen werden kann.

Zur besseren Übersicht kannst Du inhaltlich verwandte Bewertungskriterien mit Hilfe von **Clustern** gruppieren. Beispielsweise können Projekt-, Betriebs-, Lizenzkosten innerhalb des Clusters Wirtschaftlichkeit zusammengefasst werden.

Als oft sehr sinnvolle Ergänzung kannst Du zudem für jedes Vergleichskriterium festgelegen, ob es sich um ein **K.O.-Kriterium** handelt. Erfüllt eine Alternative ein K.O.-Kriterium nicht mindestens mit ‚ausreichend', wird sie im weiteren Evaluierungsprozess nicht weiter betrachtet.

Sowohl Vergleichskriterien als auch Cluster kannst Du zusätzlich mit einem **Gewichtsfaktor** versehen. Dieser stuft das Kriterium bzw. den Cluster als wichtiger bzw. weniger relevant ein. Gewichtsfaktoren klingen attraktiv, machen eine Evaluierung aus meiner Erfahrung jedoch auch komplexer. Nicht nur das Kriterium und dessen Bewertung, sondern auch der Faktor müssen abgestimmt und von den Entscheidern getragen werden.

Untere Abbildung zeigt eine typische Vergleichstabelle mit fünf Alternativen und vier Clustern. Der Screenshot stammt aus einer meiner Microsoft Excel-Vorlagen. Für weniger komplexe Bewertungsaufgaben kannst Du auch PowerPoint oder Word nutzen.

Cluster	ID	Kriterium	Gewicht	K.O.	Alternative 1		Alternative 2		Alternative 3		Alternative 4		Alternative 5	
					Wert	Begründung	Wert	Begründung	Wert	Begründung	Wert	Begründung	Wert	Begründung
1. Fachlich	1.1	Kriterium 1	1,0	Ja / Nei	0		0		0		0		0	
	1.2	Kriterium 2	1,0	Ja / Nei	0		0		0		0		0	
	1.3	Kriterium 3	1,0	Ja / Nei	0		0		0		0		0	
		Summe			0		0		0		0		0	
2. Technisch	2.1	Kriterium 1	1,0	Ja / Nei	0		0		0		0		0	
	2.1	Kriterium 2	1,0	Ja / Nei	0		0		0		0		0	
	2.3	Kriterium 3	1,0	Ja / Nei	0		0		0		0		0	
		Summe			0		0		0		0		0	
3. Wirtschaftlich	3.1	Kriterium 1	1,0	Ja / Nei	0		0		0		0		0	
	3.2	Kriterium 2	1,0	Ja / Nei	0		0		0		0		0	
	3.3	Kriterium 3	1,0	Ja / Nei	0		0		0		0		0	
		Summe			0		0		0		0		0	
4. Strategisch	4.1	Kriterium 1	1,0	Ja / Nei	0		0		0		0		0	
	4.2	Kriterium 2	1,0	Ja / Nei	0		0		0		0		0	
	4.3	Kriterium 3	1,0	Ja / Nei	0		0		0		0		0	
		Summe			0		0		0		0		0	

0...unbewertet, 1...nicht erfüllt, 2...gering erfüllt, 3...ausreichend erfüllt, 4...gut erfüllt, 5...voll erfüllt

Consulting-Life.de | Autor: Christopher Schulz | Stand: 07.05.2016

Beispiel für die Struktur einer Vergleichstabelle in Microsoft Excel

Anwendung

1. Vergleichstabelle entwickeln
Bei einer Vergleichstabelle steckt der Gehirnschmalz in ihrer Struktur. Diese trägt die Entscheidung. Du solltest für die Konzeption daher ausreichend Zeit einplanen. Beginne zunächst mit den Alternativen. In der Praxis sind 3, 5 und 7 eine gute Anzahl von Optionen. Zwei Alternativen sind zu wenig, da meist der Status Quo ebenfalls eine Möglichkeit darstellt. Mehr als sieben Alternativen sind zu viel. Die Tabelle wird dann einfach zu unübersichtlich. Sind alle Alternativen fixiert, gilt es nun für Dich brauchbare Vergleichskriterien zu finden. Typischerweise beginnst Du dazu mit Clustern wie Strategisch/Operativ, Kosten/Nutzen, Stärken/Schwächen, Risiken/Chancen und Prozesse/IT und leitest aus diesen passende Kriterien ab. Falls für die Evaluierung erforderlich, bestimme ihren Gewichtsfaktor und markiere sie als K.O.-Kriterium.

2. Vergleichstabelle abstimmen
Vergiss nicht, die Struktur Deiner Vergleichstabelle mit allen an der Entscheidung beteiligten Stakeholdern abzustimmen. Manchmal bedarf dies mehrere Gesprächsrunden. Nutze Referenzvergleichstabellen des Unternehmens oder

Vorlagen aus vergangenen Projekten bei Deinen Abstimmterminen und stelle
diese den Stakeholdern als praxiserprobt, zielführend und problemadäquat vor.

3. Evaluierungstreffen einberufen

Steht das abgestimmte Skelett der Vergleichstabelle endlich, ist es an der Zeit die
an der Bewertung beteiligten Stakeholder zusammenzutrommeln. Natürlich
macht der fachliche Rat eines Stakeholders nur dann Sinn, falls dieser sich zu
den Alternativen und Kriterien auch tatsächlich äußern kann. Das kann bedeuten,
dass Du mehrere Meetings einberufen musst in denen Du jeweils eine Auswahl
an Stakeholdern zu bestimmten Kriterien und Clustern befragst. Techniker
können zu fachlichen Belangen meist wenig beitragen. Andersherum
wissen Fachkollegen häufig nicht viel über die zugrundeliegende Technologie.

4. Vergleichstabelle ausfüllen

Sitzen die richtigen Stakeholder im Meeting zusammen, evaluiert ihr gemeinsam
die verschiedenen Alternativen entlang der aufgestellten Kriterien. Verwende die
Skala 1 bis 5 beim Ausfüllen der Tabelle. Wie bei den meisten Online Plattformen,
Shops und Vergleichsportalen steht 5 dabei für ‚voll', 4 für ‚gut', 3 für
‚ausreichend' 2 für ‚ungenügend' und 1 für 'nicht' erfüllt. Gehe Kriterium für
Kriterium, statt Alternative für Alternative durch. Somit betrachtest Du und Deine
Kollegen eine Bewertung immer im Kontext der anderen Optionen. Haltet zudem
in Stichworten eine Begründung fest, warum ihr Euch bei einem Kriterium für
einen bestimmten Wert entschieden habt.

5. Beste Alternative ermitteln

Addiere je Alternative nun die (gewichteten) Vergleichskriterien und teile die
Summe durch die Anzahl von Kriterien. Die Alternativ mit dem höchsten Wert, ist
formal die Beste. Natürlich unter der Annahme, dass die Kriterien und ihre
Gewichtsfaktoren die richtigen sind.

Vor- & Nachteile

Systematisch, Objektiv und nachvollziehbar. Aus meiner Sicht sind das die drei
Hauptvorteile von Vergleichstabellen. Steht die Evaluierungsstruktur, lassen sich
verschiedene Lösung auf Basis harter Fakten gegenüberstellen. Auch Personen,
die nicht am Entscheidungsprozess beteiligt waren, können die Wahl einer
Alternative im Nachgang verstehen.

Ein Nachteil von Vergleichstabellen ist ihre Suggestion, die wirklich beste
Alternative zu bestimmen. Aus zwei Gründen bleibt dies aus meiner Sicht eine
Utopie. Erstens ist die Bewertung zeitpunktbezogen, damit von Ungewissheit und
Unsicherheit bzgl. der Zukunft geprägt. Zweitens ist nicht garantiert, auch wirklich
alle relevanten Vergleichskriterien herangezogen zu haben.

In Projekten habe ich manchmal erlebt, dass die Entscheidungsträger für eine Alternative votierten, obwohl diese analytisch nicht das Optimum war. Angesprochen auf das Warum, begründeten die Verantwortlichen ihre Wahl mit einem Bauchgefühl. Auch beliebt ist die nachträgliche „Anpassung" von Gewichtsfaktoren, um zur „passendsten" Lösung zu gelangen.

Praxistipps

Tipp 1 – Weniger ist mehr
Je mehr Kriterien für die Bewertung der Alternative herangezogen werden, desto fundierter ist ihr Vergleich. Das Problem dabei: jedes zusätzliche Vergleichskriterium bereitet Arbeit. Bewertest Du zum Beispiel 5 Alternativen mit 30 Kriterien, dann gilt es 150 Beurteilungen abzugeben. Bei 40 Kriterien, also 10 mehr pro Option, sind 200 Entscheidungen notwendig. Prüfe daher sorgfältig, ob ein Kriterium für die Wahl der besten Alternative überhaupt herangezogen werden muss bzw. bereits implizit in einem anderen Kriterium steckt.

Tipp 2 – Speed Up hoch Drei
Ein Weg den Vergleichsprozess zu beschleunigen ist die Reduktion der Alternativen. Dazu eliminierst Du eine Option, falls diese einem dominierenden Mitbewerber in allen Vergleichskriterien unterlegen ist. Eine zweite Möglichkeit zum schnelleren Vergleich ist das Entfernen von Vergleichskriterien. Zeichnet sich ab, dass entweder ein Kriterium bei allen Alternativen ähnlich ausfällt bzw. für die Entscheidung nur eine untergeordnete Rolle spielt, entfernst Du diesen Parameter. Ein dritter Weg ist stufenweises Vorgehen. Dazu beginnst Du mit sehr wenigen Alternativen und Vergleichskriterien. Sollte sich herausstellen, dass für die Entscheidung weitere Optionen hinzugezogen werden müssen oder aufgrund verschiedener Bewertungen ein höherer Tiefgang erforderlich ist, erweiterst Du die Tabelle.

Tipp 3 – Tendenz zur Mitte-Effekt
Menschen neigen dazu, sich für den Mittelweg zu entscheiden. Was heißt das? Bietet beispielsweise Alternative A wenig Nutzen zu einem geringen Preis, Alternative B mittleren Nutzen zu einem mittleren Preis und Alternative C einen hohen Nutzen zu einem hohen Preis, dann optiert die Mehrzahl für Alternative B. Setze gezielt auf diesen „Tendenz zur Mitte"-Effekt.

Tipp 4 – Täusch-Effekt
Ein anderer Trick ist es, die von Dir bevorzugte Alternative mit einer Köder-Alternative zu begünstigen. Das Marketing spricht hierbei von einem Decoy-Effekt. Dazu wird eine Alternative „kreiert", die der bevorzugten Alternative in vielen Kriterien (insbesondere den hoch gewichteten) unterlegen ist. Steht nun die Auswahl an, neigen Stakeholder mit Blick auf den Köder, die überlegene Option zu wählen.

Tipp 5 – Heiligenschein-Effekt
Schließlich kannst Du mit dem Heiligenschein-Effekt einen weiteres Phänomen der kognitiven Verzerrung nutzen. Dazu stellst Du alle Kriterien in der Deine präferierte Alternative gut abschneidet an den Anfang der Tabelle. Zudem bittest Du die Alternativen nacheinander zu beurteilen, statt zeilenweise vorzugehen. Legt nun Deine Alternative einen fulminanten Evaluierungsstart hin, überstrahlt dieser ihre weniger überzeugenden Kriterien.

Lesetipp
Wenn Dich die vorgestellten Wahrnehmungsverzehrungs-Effekte angesprochen haben, so kann ich Dir das Buch ‚Schnelles Denken, langsames Denken' vom Nobelpreisträger Daniel Kahneman ans Herz legen. Das über 600 Seiten Werk gibt es übrigens ebenfalls als 20-stündiges Hörbuch.

Zusammenfassung

Im Consulting ist die Vergleichstabelle ein gängiges Tool zum Finden einer optimalen Alternativen. Gerade, wenn für ein Problem mehrere ebenbürtige Lösungen zur Verfügung stehen, liegt es meist auf der Hand diese strukturiert auf verschiedene Merkmale hin zu untersuchen und die Beste von ihnen zu identifizieren. Sollte Dir eine Vergleichstabelle vorgelegt werden hinterfrage zunächst deren Struktur, bevor Du Dich auf die Inhalte konzentrierst. Viel Erfolg in Deinen Bewertungsprojekten.

9. Produktivität & Selbstorganisation

Die Dokumentenliste – den Unterlagenberg effizient sichten

Kick-Off bei einem Mittelständler in Oberfranken. Bis Jahresende möchte der Neukunde seine Vertriebsprozesse digitalisieren, hat aus diesem Grund Dich und Dein Unternehmen beauftragt relevante Automatisierungspotentiale aufzuspüren. Im Initialtreffen überreicht er Dir die existierende Dokumentationsbasis: 30 Einzelunterlagen, darunter diverse Präsentationen, Tabellen, Textdateien und Informationsgraphiken. In zwei Tagen, so vereinbart ihr, hast Du die Dokumente gesichtet und erste Vorschläge erarbeitet. Rund 800 Seiten in 48 Stunden. Wo da genau anfangen?

Zweck

Häufig erhältst Du zu Beginn eines neuen Beratungsengagements eine Vielzahl von unterschiedlichen Unterlagen. Diese beschreiben den Ist-Stand, bisher aufgenommene Anforderungen, rechtliche und technische Randbedingungen, diverse Projektspezifika sowie weitere Hintergrundinformation. Die Herausforderung: aus dem großen, Dir bisher unbekannten Dokumentenwust, sollst Du in kurzer Zeit die wichtigsten Daten und Fakten herausdestillieren. Schnell kommen da Erinnerungen an die berüchtigte Suche nach der Stecknadel im Heuhaufen auf.

Speziell bei der Einarbeitung in neue Aufgabenstellungen bleibt Dir eine Dokumentenanalyse oft nicht erspart. Da Du hier rasch mehrere Stunden oder gar ganze Arbeitstage investieren kannst (bzw. musst), empfehle ich die Analyseergebnisse in einer Dokumentenliste festzuhalten. Je gesichteten Dokument protokollierst Du in dieser Übersicht explizit die wichtigsten Informationen.

Neben dieser Protokollaufgabe, erfüllt die Dokumentenliste drei weitere Funktionen:

- Sie ist ein **Index**, mit dem Du Dich rasch in der Vielzahl der gesichteten Dokumente zurechtfindest.
- Sie fungiert als **Fragenkatalog** für die Vertiefung der in den Dokumenten festgehaltenen Inhalten.
- Sie repräsentiert ein konkretes **Analyseergebnis** inklusive wichtiger Erkenntnisse sowie weiterer Verwendung der Dokumente.

Aufbau

Eine Dokumentenliste realisierst Du durch eine einfache Tabelle in der jedes der von Dir analysierten Schriftstücke eine eigene Zeile darstellt. Pro durchgesehenen Dokument notierst Du die folgenden acht Informationen, jeweils in einer separaten Tabellenspalte.

- Jedes gesichtete Dokument erhält von Dir eine eindeutige **Identifikationsnummer**. Am besten Du verwendest eine aufsteigende Zahl.
- Zudem speicherst Du den **Dateinamen** des digitalen Schriftstücks.
- Nicht immer ist der Dateinamen selbstsprechend. Hinterlege zusätzlich den **Dokumentennamen**, meist die Überschrift auf der ersten Seite, Folie bzw. Tabelle des Papiers.
- Oft zirkulieren verschiedene Fassungen eines Dokuments beim Kunden. Notiere daher ebenfalls den **Stand** bzw. die **Versionsnummer**.
- Ein Dokument besitzt immer einen verantwortlichen **Autor**. Erfasse diesen, da er fortan für Dich als Ansprechpartner für die Unterlage fungiert.
- Als Ergebnis der Sichtung hältst Du in der Spalte **Kurzinhalt** die wichtigsten Kernaussagen des Papiers fest. Ebenfalls notierst Du hier Zusammenhänge zu anderen Dokumenten, beispielsweise Untermenge oder Begleitdokument.
- Zusätzlich dokumentierst Du alle **offene Fragen** die sich nach Analyse eines Schriftstücks für Dich ergeben.
- Schließlich klassifizierst Du in der Spalte **Relevanz** die Wichtigkeit des Dokuments für Deine Aufgabe. Ich unterscheide zwischen gering, mittel und hoch.

Untere Abbildung illustriert beispielhaft eine Dokumentenliste. Nutze die Filterfunktion von Tabellen-Tools wie Microsoft Excel, um mit wenigen Klicks die relevantesten Unterlagen anzuzeigen.

#	Dateiname	Dokumentenname	Fassung	Autor	Kurzinhalt	Fragen	Relevanz
1	Glossary.pdf	Glossar	1.7	Markus Meier	Wichtige Fachbegriffe	Keine	Mittel
2	FK-1.2.docx	Fachkonzept	1.2	Gerda Müller	Fachkonzept IT-System	Aktuelle Fassung?	Hoch
3	Lenkungskreis.pptx	Präsentation Lenkungskreis	26.02.17	Frauke Schmidt	Projektstatus für Lenkungskreis	Keine	Gering
5							
6							
7							
8							
9							
10							

Consulting-Life.de | Autor: Christopher Schulz | Stand: 08.06.2017

Beispiel für die Struktur und den Inhalt einer Dokumentenliste

Bei Bedarf und vorhandenen Mitteln kannst Du einen Schritt weitergehen und statt einer simplen Tabelle ein Dokumentenmanagementsystem nutzen. Dieses stellt Dir ausgeklügelte Funktionen wie die Dokumentenverknüpfung, arbeitsteiliges Editieren oder die Online-Ablage der Dokumente zur Verfügung.

Anwendung

Bei der Dokumentenanalyse musst Du jede erhaltene Unterlage mindestens einmal sichten. Blocke Dir dazu fixe Zeitabschnitte am Tag und fokussiere Dich zu 100 Prozent auf die Papiere. Ich habe gute Erfahrung mit Analysezeiten von 30 bis 90 Minuten gemacht.

1. Analysefragen definieren
Entscheidend ist, die Analyse der Dokumente auf Basis von spezifischen Fragestellungen, Wissensbedarfen, Themenschwerpunkten, etc. durchzuführen. Du wärst nicht der erste Berater, der sich in den Tiefen der Details verliert um sich schließlich zu verzetteln. Bevor Du Dich in die Sichtung der Papiere stürzt, vereinbarst Du und Dein Kunde die auf Basis der Dokumentenanalyse zu erbringenden Aufgaben. Aus diesen leitest Du dann die Analysefragen ab. Gerne kannst Du diese ganz oben in Deiner Dokumentenliste notieren.

2. Dokumente sichten
Beschaffe Dir anschließend die aktuelle Fassung eines jeden Dokuments. Nicht immer hat der direkte Ansprechpartner auch den neuesten Stand eines Schrittstücks. Gehe alle Quellen genau einmal durch und aktualisiere parallel Deine Dokumentenliste. Bewerte für jede gesichtete Unterlage dessen Relevanz für die Analysefragen. Dokumente für das Archiv stufst Du mit ‚Gering' ein. Ist das Papier vielleicht später nützlich, bekommt es ein ‚Mittel'.
Hochrelevante Dokumente versiehst Du mit einem ‚Hoch'

3. Ergebnisse auswerten
Im letzten Schritt nutzt Du die Dokumentenliste, um Deinen Kunden die Analyseergebnisse vorzustellen, offene Fragen zu klären und nächste Schritte einzuleiten. Das resultierende Artefakt ist gleichzeitig ein Beleg für Deine Beratungsleistung.

Vor- & Nachteile

Mit der Dokumentenliste vermeidest Du das bekannte Phänomen der Paralyse durch Analyse: übertriebene Analyse ohne messbare Ergebnisse. Das Hilfsmittel zwingt Dich strukturiert an die Sichtung von Unterlagen heranzugehen und diesen Prozess mit einem Resultat abzuschließen. Gerade bei einer großen Anzahl von Dokumenten zeigt Dir die Liste, was Du bereits alles geleistet hast. Das motiviert, insbesondere bei der manchmal etwas langatmigen Analysearbeit.

Nachteil der Dokumentenliste ist der extra Aufwand für die Pflege der ‚Meta-Unterlage'. Meine Praxiserfahrung zeigt, dass die zusätzliche Struktur ab fünf Dokumenten einen Mehrwert stiftet.

Praxistipps

Tipp 1 – Immer die neueste Fassung
Stelle sicher, dass Dir die tatsächlich neueste Version eines Dokuments vorliegt. Frage beim Autor direkt nach und recherchiere in Datenspeichern wie zum Beispiel dem Projektlaufwerk oder dem Intranet des Kunden.

Tipp 2 – Abkürzungsverzeichnis inklusive
Im Rahmen der Sichtung wirst Du auf die ein oder andere Abkürzung in den Dokumenten stoßen. Notiere diese in einer eigens eingerichteten Tabelle und ergänze ihre Bedeutung. En passant entsteht auf diese Weise ein kleines Abkürzungsverzeichnis, welches Du bei Bedarf zum Glossar ausbauen kannst.

Tipp 3 – Besser druckbar
Achte darauf, dass Deine Dokumentenliste auch in ausgedruckter Form eine gute Figur abgibt. So bringe ich im Anschluss einer Analysephase eine Druckfassung meiner Liste mit zum Kunden. Schwarz auf Weiß reihen sich alle die von mir gesichteten Dokumente nebst Inhalt, Fragen und Klassifikation aneinander.

Lesetipp
Du willst Dich blitzartig ohne Informationsverlust durch einen riesigen Berg an Unterlagen wühlen? Dann empfehle ich Dir das Schnelllesen, (rasch) nachzulesen im Buch ‚Speed Reading' von Tim Winter.

Zusammenfassung

Vielleicht klingt ‚Dokumentenliste' im Zeitalter der Digitalisierung etwas angestaubt und altbacken. Fakt ist jedoch, dass Du als Berater regelmäßig vor der Aufgabe stehst eine große Menge an Unterlagen zu sichten. Die Dokumentenliste unterstützt Dich hierbei, gibt Dir Struktur bei der Arbeit sowie ein vorzeigbares Ergebnis für Deine Kunden und Kollegen.

Die Eisenhower-Methode – Aufgaben richtig abarbeiten

Du kennst diese Situation. Projektstart beim Kunden, gemeinsam erarbeitet ihr eine lange Liste von wichtigen Aufgaben. Ein Großteil davon wird Dir zugewiesen. Ortswechsel – im Office. Dein Chef beschließt die Marketingaktivitäten zu intensivieren. Schnellstmöglich muss dazu das Unternehmensmaterial auf den aktuellen Stand gebracht und zwei Artikel verfasst werden. Erneut nimmst Du zwei der drei Aufgaben mit. Dritter Ortswechsel – zu Hause. Deine Partnerin bittet Dich, endlich das Projekt ‚Umzug in eine größere Wohnung' in die Wege zu leiten. 1.000 Aufgaben. Begrenzte Zeit. Limitierte Energie. Der richtige Moment für ein bewährtes Consulting Tool.

Zweck

Die Grundidee hinter der Eisenhower-Methode – manchmal auch Eisenhower-Matrix, Eisenhower-Quadrat oder Eisenhower-Prinzip genannt – ist in zwei Sätzen erklärt: zunächst unterteilst Du anstehende Aufgaben auf Basis ihrer Dringlichkeit und Wichtigkeit in vier Kategorien. Anschließend greifst Du Top-Aufgaben auf, delegierst Tätigkeiten geringerer Relevanz und lässt unwichtige Jobs ohne Terminfrist ganz unter den Tisch fallen.

Bis heute bleibt offen, wer der Erfinder dieses Verfahrens zur Arbeitsorganisation und Zeitmanagements war. 1954 äußerte der US-Präsident und Alliierten-General Dwight D. Eisenhower auf einer Rede den bezeichnenden Satz *„I have two kinds of problems, the urgent and the important. The urgent are not important, and the important are never urgent."* (siehe Address at the Second Assembly of the World Council of Churches, Evanston, Illinois. August 19, 1954). Ob und inwieweit der US-amerikanische Namensgeber die Methode selbst eingesetzt oder gelehrt hat, ist jedoch strittig. Als Oberbefehlshaber der Alliierten im Zweiten Weltkrieg jonglierter Eisenhower sicherlich mit zahlreichen Aufgaben die er nach (s)einem System priorisierte.

Aufbau

Die Eisenhower-Methode beruht auf der gleichnamigen Eisenhower-Matrix, skizziert in unterer Abbildung. Die Matrix unterteilt Aufgaben anhand zweier Kriterien:

- **Wichtigkeit (Y-Achse)**: Eine Aufgabe ist dann wichtig, wenn sie die Erreichung eines oder mehrerer Ziele unterstützt. Andernfalls ist sie unwichtig.

- **Dringlichkeit (X-Achse)**: Eine Aufgabe ist dann dringend, wenn ihre Erledigungsfrist in naher Zukunft liegt, sie danach ihren Zweck verliert. Andernfalls ist sie nicht dringend.

Eine Aufgabe fällt in exakt eines der vier Felder der Matrix, wird demnach genau einer der vier folgenden Kategorien zugeordnet:

Kategorie 1: Wichtig und dringend
Diese Aufgabe zahlt auf wichtige und dringende Ziele ein und besitzt damit die höchste Priorität. Am besten Du nimmst Dich dieser Aufgaben selbst und sofort an. Typische Beispiele im Consulting sind:

- Angebot für ein lukratives Neukundenprojekt erstellen
- Kritisches Prozessproblem bei wichtigen Bestandskunden lösen
- Unverrückbaren Rollout Termin eines IT-Systems erfüllen
- Akute private bzw. berufliche Krise meistern

Kategorie 2: Wichtig und nicht dringend
Diese Aufgabe ist ebenfalls wichtig, kann aber später erledigt werden. Für die Kategorie genügt es, wenn Du die Aufgabe auf einen späteren Zeitpunkt terminierst und dann selbst erledigt. Erneut einige klassische Beraterbeispiele:

- Karriere planen und Zukunftspläne schmieden
- Beraterprofil aktualisieren
- Stundenzettel ausfüllen
- Zeit mit der Familie und Freunden verbringen

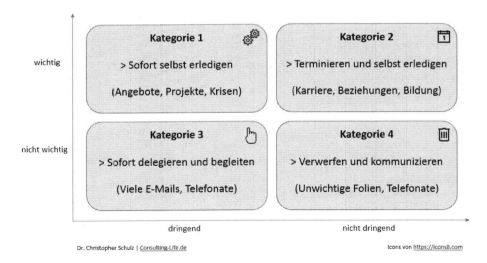

Die Eisenhower-Matrix und ihre vier Aufgabenkategorien

Kategorie 3: Nicht wichtig und dringend
Eine Aufgabe aus dieser Kategorie sollte zwar möglichst bald erledigt werden, sie besitzt jedoch eine geringe Relevanz. Statt Dich sich ihrer selbst anzunehmen, solltest Du sie nach Möglichkeit an einen Junior-Mitarbeiter, Praktikanten oder Werkstudenten delegieren. Folgende Aufgaben sehe ich als dringlich, häufig jedoch nicht als wichtig an:

- Großteil der E-Mails abarbeiten
- Statustelefonate zum Projekt führen
- Unternehmens- / Bereichs- / Produktpräsentationen aktualisieren
- Projektabschlussbericht schreiben

Kategorie 4: Nicht wichtig und nicht dringend
Eine Aufgabe, die Dich keinem Ziel näher bringt und für welche die Erledigungsfrist unerheblich ist, solltest Du rigoros aussortieren. Streiche sie von Deiner Liste ToDo-Liste. Erneut mehrere Kandidaten für diese Kategorie:

- Unwichtige E-Mails abarbeiten
- Irrelevante Telefonate führen
- Folien entwickeln, die keinen Nutzen stiften
- In privaten Sozialen Netzen unterwegs sein

Anwendung

Die Eisenhower-Methode eignet sich für Situationen in denen Du, Deine Kollegen bzw. Deine Kunden mit einer Vielzahl von Aufgaben überhäuft werdet, die ihr nicht alle gleichzeitig und sofort abarbeiten könnt.

1. Aufgabe kategorisieren
Zunächst kategorisierst Du alle Aufgaben auf Basis der Eisenhower-Matrix. Entscheide dazu für jeden Job, wie wichtig und dringlich dieser ist und setze somit Prioritäten.

2. Maßnahmen ableiten
Auf Basis der Kategorie leitest Du im zweiten Schritt für alle Aufgaben Deine Abarbeitungsstrategie ab. Terminiere dazu alle Aufgaben der Kategorie 2, delegiere solche der Kategorie 3 und entwickle einen Kurzfristplan für alle Tätigkeiten aus Kategorie 1.

3. Aufgaben abarbeiten
Nun geht es an die Umsetzung der Aufgaben aus Kategorie 1 sowie der Qualitätssicherung und Kontrolle für die Aufgaben aus Kategorie 3. Falls

notwendig kommunizierst Du, dass Du die Aufgaben der Kategorie 4 nicht weiterverfolgen wirst.

Vor- & Nachteile

Die Eisenhower-Methode ist ein praktisches Tool, speziell, wenn Du schnell entscheiden musst, welchen Tätigkeiten sofort, später oder gar nicht ausgeführt werden sollen. Matrix und Methode sind einfach erlernbar, in kurzer Zeit erhältst Du eine eindeutige Bewertung für alle anstehenden Aufgaben. Statt einer Aufgabe nur eine einzelne Priorität zuzuweisen, differenziert die Methode anhand der beiden Kriterien Bedeutung und dem Fälligkeitstermin.

Mit Blick auf den Terminkalender oder Projektplan, lässt sich die Dringlichkeit einer Aufgabe häufig rasch und eindeutig ableiten. Anders verhält es sich jedoch bei der Wichtigkeit. Hier kommen Ziele ins Spiel, die von Dir, Deinem Unternehmen sowie dem Kunden festgesetzt werden. Entscheidend ist, diese Ziele offen zu legen. Leider unterstützt Dich die Eisenhower-Methode nicht in der Frage der Zielebewertung.

Auch lässt das Konzept offen, wie bei sehr vielen Aufgaben vorzugehen ist, insbesondere, wenn sich diese in der Kategorie 1 (wichtig und dringend) stauen. Selten sind in der Praxis wichtige Tätigkeiten wenig dringend bzw. dringende Tätigkeiten wenig wichtig.

Praxistipps

Tipp 1 – Besser wichtig und nicht dringend
Du weißt was Du willst, hast einen erprobten Plan und einen festen Arbeitsrhythmus? Klasse! Mit hoher Wahrscheinlichkeit besitzen wenige Deiner Aufgaben die Kategorie 1, sind also gleichzeitig wichtig und dringend. Halte die Anzahl der Kategorie 1 Aufgaben so gering wie möglich indem Du proaktiv delegierst und terminierst.

Tipp 2 – Die wichtigste Aufgabe des Tages
Lege für jeden Tag genau eine einzige wichtige Aufgabe fest, welche Dich bei der Zielerreichung maßgeblich unterstützt. Dein Tag steht und fällt mit der Erledigung dieser Aufgabe. Das kann beispielsweise das Schreiben einer Publikation sein, dass Netzwerken mit Kunden und Kollegen oder die tägliche Konversation in einer fremden Sprache.

Tipp 3 – Die unangenehmste Aufgabe des Tages
Es gibt Aufgaben, die sind unangenehm aber wichtig. Zum Beispiel bin ich kein Freund des Gegenlesens von Dokumenten. Die Prüfung auf formale oder

inhaltliche Schwächen langweilt mich einfach. Absolviere die lästigste Aufgabe direkt als Erstes am Tag im Rahmen eines fixen Zeitfensters. Konzentriere Dich dann auf die spannenden Tätigkeiten.

Tipp 4 – Solo oder im Team
Die Eisenhower-Methode kannst Du für Dich allein oder im Team anwenden. Beim Einsatz in der Gruppe solltet ihr Euch zuvor auf die Kategorisierung der Wichtigkeit einigen, daher die zu Grunde liegenden Kriterien und Ziele abstimmen. Schnell ist die Matrix auf ein Flipchart skizziert und die Kategorisierung kann beginnen.

Lesetipp
In Sachen Zeit- und Prioritätenmanagement kann ich Dir das Buch ‚Eat that Frog‚ von Brian Tracy empfehlen. Auf rund 100 Seiten erhältst Du insgesamt 21 Tipps zur Verbesserung Deiner Produktivität im Berufs- und Privatleben.

Zusammenfassung

Deine Aufgabenliste quillt bereits über und Du weißt nicht, wo Du am besten anfangen solltest? Die Eisenhower-Methode ist ein leichtgewichtiges Werkzeug mit dem Du anstehende Tätigkeiten anhand der Kriterien Wichtigkeit und Dringlichkeit kategorisierst um diese anschließend nach einem fixen Schema abzuarbeiten.

Die Pomodoro Methode – fokussiert im Takt zum Ergebnis

Im Projektraum. Plötzlich klingelt beim Beraterkollegen schräg gegenüber das Smartphone. Er greift nach seinem Handy, nimmt aber nicht ab, sondern deaktiviert nur den Alarm. Anschließend verschwindet er in die Kaffeeecke, zieht sich einen Espresso, wischt aufs Neue auf seinem Smartphone rum und ist wenig später wieder in seine Arbeit versunken. Seltsam. 25 Minuten später. Erneut läutet das Telefon meines Kollegen. Die gleiche Prozedur. Alarm deaktivieren, Kurzpause, Alarm aktivieren. Weiter. Was soll das?

Zweck

Wie produktiv arbeitest Du eigentlich? Anders gefragt: wie viel Zeit und Aufwand setzt Du ein, um ein bestimmte Aufgabe zu erledigen? Um beispielsweise einen Bericht zu schreiben, einen Foliensatz zu konzipieren oder einfach nur eine E-Mail tippen?

Unternehmensberater wollen und müssen produktiv sein. Schließlich zahlt der Kunde hohe Honorare für ihr Engagement. In der geleisteten Zeit müssen qualitativ hochwertige Ergebnisse entstehen. Meist gilt die Formel: umso mehr, desto besser. Dennoch lauern an jeder Ecke im Arbeitstag interne und externe Produktivitäts-Killer. Eine beliebige Auswahl:

- Klingelnde Smartphones, aufpoppende Chatfenster und Hinweise auf eingegangene E-Mails.
- Störende Kollegen, Mitarbeiter und Kundenvertreter.
- Unterbrechungen durch Meetings, Telefonkonferenzen und Web-Sitzungen.
- Laute Hintergrundgeräusche, grelle Sonneneinstrahlung und unbequeme Raumtemperaturen.
- Das eigene Hin- und Herspringen zwischen verschiedenen Aufgaben (Multi-Tasking) und das Abschweifen der Gedanken.

Die Pomodoro Methode bzw. Pomodoro Technik unterstützt Dich, Deine Produktivität zu steigern. Wie? Indem Du die Dir verfügbare Einzelarbeitszeit in 25-Minuten Blöcke einteilst und zwischen zwei Blöcken 5 Minuten Pause einlegst. Aus diesem Grund wir der Ansatz auch 25/5-Methode genannt.

Ursprünglich geht die Pomodoro Methode auf den Italiener Francesco Cirillo zurück. Ende der 1980er ersann er als Student die Selbstmanagement-Technik und setzte diese zunächst in der Entwicklung von Softwareprojekten ein. Aktuell lebt Cirillo in Berlin, berät und coacht in den Themen Produktivität, Agilität und

Softwareentwicklung. Das Wort ‚Pomodoro' kommt übrigens aus dem Italienischen und bedeutet Tomate.

Aufbau

Nutzt Du die Pomodoro Methode unterteilst Du die Dir verfügbare Einzelarbeitszeit in Abschnitte, den sogenannten Pomodori. Jedem Pomodoro folgt eine Pause. Damit:

- 25 Minuten hochkonzentrierte Arbeit.
- 5 Minuten Pause.

Nach Ablauf von 4 Pomodori, also 115 Minuten inklusive der drei 5-Minuten Pausen, legst Du eine längere Unterbrechung von 15 bis 20 Minuten ein. Im Anschluss startest Du mit einem weiteren Pomodoro.

Anwendung

1. Ablenkungen abstellen

Stelle zu Beginn einer längeren Arbeitseinheit alle Ablenkungen ab bzw. dämpfe diese soweit wie möglich ein.

- Deaktiviere Handy, Chatprogramme und E-Mails.
- Schaffe eine ruhige und angenehme Arbeitsatmosphäre.
- Bitte die Personen in Deinem Umfeld, Dich für eine begrenzte Dauer ungestört arbeiten zu lassen.

Schotte Dich von Deinem Umfeld regelrecht ab. Keine Störung darf Dich von Deiner Arbeit ablenken.

2. Aufgaben planen

Anschließend definierst Du schriftlich die Aufgaben und die damit einhergehenden Ergebnisse, die Du in der zur Verfügung stehenden Einzelarbeitszeit entwickeln möchtest. Nutze als Grundlage beispielsweise die Aufgabenliste aus dem Projekt. Schätze nun grob ein, wie viele Pomodori Du pro Aufgabe brauchen wirst. Starte mit der dringendsten und wichtigsten Aufgabe. Gerne kannst Du für die Priorisierung die Eisenhower-Methode nutzen.

3. Pomodori abarbeiten

Aktiviere die Stoppuhr Deines Smartphones und arbeite nun für 25 Minuten fokussiert an der ersten Aufgabe. Sobald die Zeit um ist, lässt Du den Stift für 5 Minuten fallen. Anschließend geht es erneut ran. Stoppuhr stellen, Pomodoro, Pause. Immer das gleiche Spiel. Stellst Du eine Aufgabe während eines Pomodoro fertig, hakst Du diese ab und wechselst direkt zur nächsten.

Vor- & Nachteile

Die Pomodoro Methode hilft Dir, intensiv und genau zu arbeiten. Die Arbeitsblöcke von nur 25 Minuten in einem Pomodoro zwingen zur Selbstdisziplin. Spätestens bei der dritten Anwendung der Technik wirst Du Meister darin sein, alle Ablenkungen in Deinem Umfeld auszuschalten, um das verfügbare Arbeitszeitfenster maximal auszunutzen.

Die Folge: Aufgaben werden auch tatsächlich abgeschlossen, statt nur begonnen. Mehr fertige und qualitativ höherwertige Ergebnisse entstehen in der gleichen verfügbaren Zeit. Gleichzeitig pausierst Du bewusst, erholst Dich von den Anstrengungen. Eine Stoppuhr und Disziplin. Mehr brauchst Du nicht.

Auch eine Pomodoro Methode hat ihre Grenzen. So kannst Du den Ansatz nicht beliebig auf den gesamten Tag anwenden. Als Berater bist Du in Kunden-Workshops eingebunden, benötigst Meetings zur Synchronisation mit Projektkollegen oder erhebst mittels Interviews und Befragungen Daten. Manchmal erlaubt Dir schlichtweg das Umfeld nicht, 25-Minuten am Stück vertieft zu arbeiten. Falls Du schon einmal in einem überfüllten Großraumbüro auf Projekt warst oder lange und weite Reisen mit vielen Unterbrechungen zum Kunden zurücklegst, weißt Du sicherlich, wovon ich spreche.

Praxistipps

Tipp 1 – Zeitmessung per App und Web-Tool
Für Smartphones existieren eine Menge (mehr oder weniger) nützliche Apps mit denen Du die 25/5-Minuten Zeitspannen stoppen kannst. Das geht beim eingebauten Standard-Timer los und hört bei einer Baumwachstums-Simulation noch lange nicht auf. Auch gibt Webseiten auf denen Du kostenfrei einen Zeitalarm einstellen kannst. Doch Vorsicht: lasse Dich von den vielen technischen Möglichkeiten nicht von den eigentlichen Aufgaben ablenken :)

Tipp 2 – Der Geistesblitz
Du befindest Dich mitten in einem Pomodoro und plötzlich kommt Dir eine großartige Idee zu einem ganz anderen Thema? Statt Dich jetzt anderen Gedanken hinzugeben und ablenken zu lassen notierst Du den Geistesblitz einfach auf ein Blatt Papier. In einem Folge-Pomodoro oder spätestens bei der Planung greifst Du die kreative Eingebung wieder auf.

Tipp 3 – Der Sammel-Pomodoro
Du hast viele kleine Aufgaben deren Abarbeitung jeweils deutlich weniger als 25 Minuten benötigen? Kein Problem. Schiebe Kleinsttätigkeiten wie beispielsweise Arbeitszeiterfassung, Reisekostenabrechnung oder Kurztelefonate in ein Sammel-Pommodoro. Je inhaltlich verwandter die Mini-Aufgaben sind, desto besser.

Tipp 4 – Pomodoro Methode modifiziert
25-Minuten Arbeit am Stück sind Dir zu wenig? Aus Schule und Studium bist Du den 45-Minuten Stundentakt noch gewöhnt? Die Pomodoro-Länge von 25 Minuten ist kein Naturgesetz. Finde Deine optimale Intervalllänge von Arbeitsblöcken und Pausen sukzessive heraus. Wichtig bleiben zwei Dinge: ablenkungsfreie Arbeit + regelmäßige Pausen.

Tipp 5 – Konzentration trotz Unruhe
Deine Projektkollegen unterhalten sich lautstark am Nachbartisch? Ständig reist Dich das laute Brummen der Kaffeemaschine aus dem Arbeitsfluss? Immer tritt ein Kundenmitarbeiter mit einer Frage an Deinen Schreibtisch? Wenn Du schon den Arbeitsort nicht wechseln kannst, triffst Du Gegenmaßnahmen. Arbeite an Randzeiten, setze Kopfhörer auf, schließe Türen und postiere ein „Bitte-nicht-Stören Schild" auf Deinem Schreibtisch.

Lesetipp
Auf der offiziellen Pomodoro Webseite https://francescocirillo.com von Francesco Cirillo findest Du eine Menge Tipps, Anleitungen und Informationen rund um die Methode. Auch kannst Du auf der Seite einen Kurzzeitwecker in Form einer Tomate kaufen. Cirillo nutzte einen solchen Küchen-Wecker, als er die Methode vor über 30 Jahren entwickelte.

Fazit

Die Pomodoro Methode unterstützt Dich beim konzentrierten Abarbeiten von Aufgaben. Die Begrenzung der verfügbaren Arbeitszeit in Kombination mit dem Rhythmus sind aus meiner Erfahrung ein echter Produktivitäts-Booster. Teste die Technik in Deiner nächsten Einzelarbeitseinheit. Übrigens habe ich für diesen Beitrag sechs Pomodori benötigt. Ich nutze dazu eine gute alte Sanduhr. Auf einen Blick weiß ich, ob und wie viel Restzeit in einem Pomodoro in etwa noch zur Verfügung stehen.

Die Reisemappe – eine Dienstreise stressfrei absolvieren

Was schiefgehen kann, geht irgendwann schief. Vielleicht wirst Du jetzt schmunzeln und Dich an Murphys Gesetz erinnern. Doch was hat das mit Consulting zu tun? Eine ganze Menge. Insbesondere auf Dienstreisen gehen die Sachen nämlich viel zu oft schief. Ein verspäteter Flug? Ein ausgefallener ICE? Ein 30-Kilometer langer Stau? Solchen schicksalshaften Fügungen stehst Du leider machtlos gegenüber. Auf das Risiko eines defekten Smartphones direkt vorm Check-in hingegen kannst Du Dich vorbereiten. Wie? Mit einer schlichten Reisemappe.

Zweck

Stell Dir vor Du bist auf einer langen und beschwerlichen Dienstreise und Dein Smartphone funktioniert plötzlich nicht mehr. Möglicherweise ist der Akku leer. Oder Du hast in den isolierten Räumen keinen Funkempfang. Vielleicht liegen die Umgebungstemperaturen aber auch außerhalb des Toleranzbereichs des Gerätes. Gründe von einem Moment auf den anderen ohne funktionierenden Smartphone dazustehen gibt es viele. Doch wie kommst Du nun auf Deiner Reise ohne Deinem digitalen Assistenten weiter?

Spare Dir Nerven und lege Dir vor jeden Deiner Touren eine Reisemappe an. In diesem Hefter bewahrst Du zentral alle reise-relevanten Informationen auf. So bekommst Du den Kopf frei und kannst Deine ganze Energie auf Deinen Kunden und die Projektinhalte richten.

Aufbau

Eine Reisemappe enthält alle für Deine Dienstreise notwendigen Unterlagen. Unterscheide dazu zwischen folgenden fünf Kategorien:

- **Transport:** Flugtickets, Bahnfahrkarten, Bestätigung der Autovermietung sowie Tickets für den öffentlichen Nahverkehr.
- **Übernachtung:** Bestätigung und Nachweise für die Hotelreservierungen.
- **Zutritt:** Konferenz-, Tagungs- und Messetickets, Zugangsunterlagen für Produktionsstätten, Anmeldeformulare und Vertraulichkeitserklärungen.
- **Orientierung:** Kartenmaterial von Zwischen- und Zielorten, Werks-, Messe-, Flughafen- und Gebäudepläne.
- **Kommunikation:** Vollständige Kontaktdaten des Kunden bzw. der Partner, Telefonnummern der lokalen Taxizentralen, des Hotels, der Autovermietung und des Kreditkartenunternehmens Deiner Firma.

Je nachdem wohin Deine Reise geht, können natürlich weitere Informationen hinzukommen. Bei Fernreisen zu anderen Kontinenten sind das beispielsweise die Kontaktdaten der Deutschen Botschaft (Kategorie Kommunikation) oder wichtige Vokabeln für den Ruf eines Taxis (Kategorie Orientierung).

Anwendung

Eine Reisemappe bereitest Du unmittelbar vor Deinem Trip vor und nutzt diese dann bis zur Abrechnung der Dienstreise. Im Einzelnen:

1. Vor der Reise zusammenstellen
Stelle Deine Reisemappe einen Tag vor dem Trip zusammen. Bis zum nächsten Tag ändern sich die wenigsten Transportverbindungen, Deine Dokumente sind damit auf einem aktuellen Stand.

Ordne die Unterlagen gemäß Deiner Route. Zu Beginn Deine Hinfahrt, anschließend das Hotel, etc.. Ganz am Schluss der Mappe heftest Du eine Seite mit den Kommunikationsinformationen ab. Mit einem Griff kommst Du somit immer an die wichtigsten Nummern.

Falls vorhanden, unterzeichne Zutrittsdokumente und Vertraulichkeitserklärungen im Voraus. Dein Kunde wird es Dir danken und bereits bei Deiner Anreise am Tor erfahren, wie professionell Du Dich für den Besuch vorbereitet hast.

2. Während der Reise nutzen
Unterwegs ist die Reisemappe Dein treuer Kompagnon im Hintergrund. Wann immer Du ein Ticket benötigst, nach Deiner Reservierungsnummer gefragt wird oder Du Zutrittsunterlagen benötigst öffnest Du reflexartig Deine Reisemappe. Alles Organisatorische an einer Stelle!

3. Nach der Reise konsolidieren
Bist Du wieder zurück im Office nutzt Du den Inhalt Deiner Mappe zur Reisekostenabrechnung. Auf Deinem Trip solltest Du eine Menge von Rechnungen, Quittungen und Belegen gesammelt haben. Jetzt ist die Zeit diese zu konsolidieren und Deine Dienstreise auch administrativ abzuschließen.

Last but not least überlege Dir, welche Teile Deiner Reisemappe für den nächsten Tipp ‚recycelt' werden können. Bei wiederkehrenden Reisen sind das meist die Kontaktinformationen des Kunden sowie die Orientierungspläne.

Vor- & Nachteile

Eine Reisemappe vereint mindestens drei Vorteile. Erstens ist sie Dein „analoges" Backup, falls Laptop und Smartphone Dich einmal hängen lassen. Mit der Mappe hast Du weiterhin alle Reiseinformationen zentral gebündelt. Zweitens hilft sie Dir, Deine Reise besser zu planen. Bei der Zusammenstellung der Mappe gehst Du Deine Tour bereits einmal im Kopf durch, räumst bereits während dieser Planungsphase alle Unklarheiten aus. Und drittens unterstützt Dich die Mappe bei der Nachbereitung Deiner Dienstreise. Wo überall bist Du für die Firma finanziell in Vorleistung gegangen? Wieviel Zeit hast Du wo, wofür und mit welchem Ergebnis verbracht?

Eine Reisemappe anzulegen bereitet etwas Aufwand. Insbesondere, wenn es sich um die Erstfassung der Mappe handelt. Mit jeder Reise sollte Deine Arbeit jedoch abnehmen und die Routine einsetzen.

Praxistipps

Tipp 1 – Sammelfach für Belege
Hefte eine Klarsichtfolie ganz ans Ende Deiner Reisemappe und sammle in dieser alle Rechnungen und Belege. So hast Du für die Reisekostenabrechnung alle Quittungen an einer Stelle.

Tipp 2 – Kontaktinfos zur Zentrale
Reserviere die vorletzte Seite Deiner Reisemappe für die wichtigsten Telefonnummer. Das ist das Backoffice, Dein Vorgesetzter sowie Deine Familie bzw. Partner.

Tipp 3 – Packliste Inside
Eine weitere nützliche Seite Deiner Reisemappe ist die Packliste. Diese enthält die wichtigsten persönlichen Utensilien für eine, zwei, drei oder vier Nächte unterwegs.

Tipp 4 – So dünn wie möglich
Hilf mit und schone die Umwelt. Drucke die Unterlagen Deiner Reisemappe beidseitig aus, falls möglich vier Seiten auf ein Blatt. Nebenbei reduzierst Du mit einer dünnen Reisemappe auch das Gewicht Deines Gepäcks.

Tipp 5 – Digitales Backup
Lege alle Unterlagen die Du für die Reisemappe ausdruckst ebenfalls als Kopie in einem Online-Speicher ab (zum Beispiel Dropbox, Microsoft OneDrive, Google Drive). Von Unterwegs hast Du jetzt sowohl anlogen (Reisemappe) und digitalen Zugriff auf Deine Reisepapiere.

Lesetipp
Genug der Arbeit und Weiterbildung. Schnapp Dir ein richtig spannendes Buch, lehne Dich zurück und genieß die Reise. Gute Fahrt!

Zusammenfassung

In digitalen Zeiten mag das Konzept einer Reisemappe etwas angestaubt anmuten. Wer jedoch schon einmal ohne Ticket am Flughafen Check-in stand, weil das Handy urplötzlich den Geist aufgegeben hat, ist froh, die altmodische Mappe in seinem Handgepäck zu wissen. Natürlich kann Dich eine Reisemappe nicht vor überheizten Zügen, vollbesetzten Flugzeugen und schlecht gelaunten Taxifahren bewahren. Aber sie minimiert die Chance wegen Desinformationen und fehlenden Fahrkarten unterwegs stecken zu bleiben. Bon Voyage!

10. Noch mehr Consulting Tools

Du vermisst ein spezifisches Consulting Tool?

Du hast von einem Consulting Tool gehört und benötigst genaue Infos?

Dir fehlen die Dokumentenvorlagen für den Einsatz eines Consulting Tools?

Kennst Du alle im Buch vorgestellten Werkzeuge und hast diese in Deinem Berateralltag auf Herz und Nieren getestet ist es an der Zeit für einen **nächsten Schritt**.

Blättere zum letzten Kapitel dieses Büchleins. In diesem habe ich **Literatur und Links** mit weiteren Methoden, Modellen und Werkzeugen für Berater zusammengefasst. Zusätzliche speziell auf das Consulting zugeschnittenen Tools findest Du auf meiner Webseite:

www.Consulting-Life.de/category/Umsetzung-und-Tools

Die Seite bietet Dir zudem einen großen **Fundus von Beratertipps**, Literaturempfehlungen und Expertenwissen für erfolgreiche Unternehmensberater. Aus der Praxis, für die Praxis.

P.S.:
Als Bonus findest Du unter www.Consulting-Life.de/Consulting-Survival-Package ein **Notfallpaket für Berater**. Neben einem Project Starter Guide enthält das kostenfreie Package ein eBook mit 10 erprobte Tipps für Deinen Sprint auf der Berater-Karriereleiter.

Finde auf meiner Webseite weitere praxiserprobte Beraterwerkzeuge, beispielsweise die **Consulting Akquise Toolbox** oder die **Consulting Methodenkoffer Templates**.

Gesucht: Dein Consulting Tool und Korrekturvorschlag

Du setzt in Deinen Projekten häufig eine Consulting Methode ein, die nicht im Koffer enthalten ist? Gerne begrüße ich **Deinen Werkzeugvorschlag**. Nimm dazu einfach Kontakt mit mir auf, indem Du eine kurze Nachricht an www.Consulting-Life.de/Kontakt sendest.

Auch ich bin nicht perfekt. Falls Dir ein **Rechtschreibe- oder Orthographiefehler** im Buch auffällt, freue ich mich über Deinen Hinweis. Herzlichen Dank!

11. Über den Autor

Wer steckt eigentlich hinter diesem Buch?

Danke für Dein Interesse an der Person hinter dem Consulting Methodenkoffer. Ich bin Christopher Schulz, aktuell Manager bei einer mittelständischen Unternehmensberatung in München. Nach meinem Informatikstudium in Deutschland, Frankreich und den USA arbeitete ich bei einer amerikanischen Großbank in der Schweiz als Analyst.

2008 entschied ich mich zu promovieren und begann parallel meine Laufbahn als Consultant an der Schnittstelle zwischen Business und IT. Seit dieser Zeit beschäftigt mich auch die Methodik im Beratungsgeschäft, zunächst reaktiv in Form der Projektmitarbeit, später dann proaktiv durch Entwicklung und Schulung eines firmeninternen Konzept- & Methodenbaukastens. Zu meinen Kunden zählen Unternehmen aus der Automobil-, Maschinenbau- und Finanzbranche.

Neben klassischen Consulting-Projekten publiziere ich regelmäßig für Fachmagazine und Konferenzen. Seit 2015 betreibe ich den Blog Consulting-Life.de auf dem ich mein Karriere- und Praxiswissen an Berater weitergebe.

12. Lesetipps

Das Thema Methoden im Consulting hat Dich gepackt? Beim Schreiben dieses Buches habe ich mich von nachfolgender Literatur inspirieren lassen. Finde zudem einen Lesehinweis im Kapitel ‚Praxistipps' eines jeden Tools.

1. Nicolai Andler: *Tools für Projektmanagement, Workshops und Consulting: Kompendium der wichtigsten Techniken und Methoden*, Publicis Publishing, 6. Auflage, 2015

2. Simon Burtonshaw-Gunn: *Essential Tools for Management Consulting: Tools, Models and Approaches for Clients and Consultants*, John Wiley & Sons, 1. Auflage, 12.01.2010 (Englisch)

3. Svenja Hofert: *Meine 100 besten Tools für Coaching und Beratung: Insider-Tipps aus der Coachingpraxis*, GABAL, 2. Auflage, 01.10.2013

4. Susanne Klein: *50 Praxistools für Trainer, Berater, Coachs: Überblick, Anwendungen, Kombinationen*, GABAL, 4. Auflage, 01.03.2012

5. Jörg Osarek, Andreas Hoffmann: *Die Exzellenz-Formel - Das Handwerkszeug für Berater: Tools und Techniken für mehr Beraterexzellenz*, Gordon's Arcade Business Publishing, 2. Auflage, 23.02.2016

6. RWTH Aachen, Lehrstuhl für Betriebswirtschaftslehre mit Schwerpunkt Technologie- und Innovationsmanagement: *WiPro – Innovativ mit Methode*, 2018, www.innovationsmethoden.info (letzter Abruf: 01.01.18)

7. Christian Schawel, Fabian Billing: *Top 100 Management Tools: Das wichtigste Buch eines Managers - Von ABC-Analyse bis Zielvereinbarung*, Springer Gabler, 5. Auflage 2014, 17.07.2014

8. Mel Silbermann: *The Consultant's Toolkit: 45 High-Impact Questionnaires, Activities, and How-To Guides for Diagnosing and Solving Client Problems*, Mcgraw Hill Book Co, 1. Auflage, 19.09.2000 (Englisch)

Du möchtest zusätzliche Lesetipps? Regelmäßig stelle ich Consulting Literatur auf meiner Webseite vor. Unter www.Consulting-Life.de/category/Literatur-und-Links findest Du alle bisher von mir rezensierten Leseempfehlungen für Unternehmensberater.

Printed in Poland
by Amazon Fulfillment
Poland Sp. z o.o., Wrocław